應用篇
下冊

增修八字心悟

覺慧居士
溫民生 增修

「智理文化」系列宗旨

「智理」明言

中華智慧對現代的人類精神生活，漸漸已失去影響力。現代人，大多是信仰科學而成為無視中華智慧者，所以才沒有辦法正視中華智慧的本質，這也正正是現代人空虛、不安，以及心智貧乏的根源。

有見及此，我們希望透過建立「智理文化」系列，從而在「讓中華智慧恢復、積極改造人性」這使命的最基礎部分作出貢獻：「智理文化」系列必會以正智、真理的立場，深入中華智慧的各個領域，為現代人提供不可不讀的好書、中華智慧典範的著作。這樣才有辦法推動人類的進步。我們所出版的書籍，必定都是嚴謹、粹實、繼承中華智慧的作品；絕不是一時嘩眾取寵的流行性作品。

何以名為「智理文化」？

佛家說：「無漏之正『智』，能契合於所緣之真『理』，謂之證。」這正正道出中華智慧是一種「提升人類之心智以契合於真理」的實證活動。

唯有實證了「以心智契合於真理」，方能顯示人的生活實能超越一己的封限而具有無限擴展延伸的意義。這種能指向無限的特質，便是中華智慧真正的價值所在。

至於「文化」二字，乃是「人文化成」一語的縮寫。《周易 • 賁卦 • 象傳》説：「剛柔交錯，天文也；文明以止，人文也。觀乎天文，以察時變，觀乎人『文』，以『化』成天下。」可見人之為人，其要旨皆在「文」、「化」二字。

《易傳》説：「文不當故，吉凶生焉！」天下國家，以文成其治。所以，「智理文化」絕對不出版與「智」、「理」、「文」、「化」無關痛癢的書籍，更不出版有害於人類，悖乎「心智契合於真理」本旨的書籍。

由於我們出版經驗之不足，唯有希望在實踐中，能夠不斷地累積行動智慧。更加希望社會各界的朋友，能夠給我們支持，多提寶貴意見。最重要的是，我們衷心期待與各界朋友能夠有不同形式的合作與互動。

「智理文化」編委會

《增修八字心悟》

溫民生　序

余自2006年始從吾師覺慧居士（張惠能博士）學習八字命學，轉眼逾十寒暑矣。

師之《八字心悟》自2007年1月出版，未幾迅速登上香港商務印書館十大暢銷玄學書籍榜，可見香港不乏具慧眼讀者，而示老師是以赤誠與讀者分享心得者也。

《八字心悟》是老師發表的玄學系列第一本作品，其後老師陸續出版的計有《八面圓通》（八字面相學）及《八字心訣》；易經系列的《周易點睛》與《周易成功學》等，為學者提供立身處世的陽明解惑正解。

《八字心悟》當初成書的編排是以乾卦六爻作為框架的。乾卦六奇至剛至健，所以取六龍為象，喻乘這六陽，用至大至正至剛至健純陽乾天的原理，比喻人行天道，自可暢行天下矣。

今老師應出版商力邀，再版此一紙風行斷版多時的經典，正名為《增修八字心悟》，沿用前《八字心悟》的乾卦六爻編排，將全書分為上

下兩冊發行。究其原因，吾師欲與有緣人分享他經歷過去十年持續研究八字批命和修行的心得，尤其是由吾師始創之化繁為簡的八字十式，以及吾師把其參悟道家聖者之修真心法、陰陽五行之修道悟証，還有導人御正道處世的周易成功心法等，均一一納入此增修版內，故其內容比舊版加倍充實，為方便學者輕鬆閱讀故，是以分為兩冊發行。上下冊之內容列於本書30頁及31頁之目錄索引。

本增修版上冊乃八字之機理篇，第一至第四部仍實之以八字基礎理論，引滴天髓諸論為經，配相關命例為緯，逐一闡明之，由淺入深，助有志此道之讀者築基；而下冊應用篇，則除了第五部的正五行擇日和正五行合婚等應用技巧外，更在第六部（亢龍有悔）「正命之道」篇中大幅囊列以下之命理學濃縮精華，計有：

1. 滴天髓口訣
2. 八字面相學
3. 易經六龍與流年面相總論
4. 頭面七神訣
5. 八字十式
6. 飲食開運八法
7. 《易經》成功大智慧
8. 修道真言（陰陽五行法修行經典之一）
9. 陰符經（陰陽五行法修行經典之二）

一書而兼備如此豐富珍貴資料，確實是一本作為八字玄學愛好者不容錯失的寶典呢。余有幸奉師命為此書作修訂並賦序，實有榮焉！

學生　溫民生　恭謹頂禮。

謹識於丁酉年處夏

溫民生介紹

筆者溫民生先生，1978年畢業於香港大學機械工程學系。畢業後取得專業工程師資格，歷任港鐵工程項目主管，房屋署屋宇裝備工程師等職。

溫先生向醉心玄學，2005年始先後從中州派王亭之老先生首徒蔣匡文博士、高徒葉漢良先生習玄空風水及紫微斗數，略有所悟。其後更因緣得遇覺慧居士於中華智慧管理學會，再拜師研習八字，距今已歷逾十寒暑。

溫先生也曾參與修輯覺慧居士再版《八字心悟》，及於中華智慧管理學會每年發報流年預測，並於2017年在學會開授「八字十式」。

覺慧居士介紹

張惠能博士（覺慧居士），香港大學畢業和任教，修讀電腦科學及專門研究人工智能。少年時熱愛鑽研易經、玄學及命理。廿多年來，深入研究及教授心得，未曾間斷。

覺慧居士「玄學系列」著作：《八字心悟》、《八字心訣》、《八面圓通》。覺慧居士「易經系列」著作：《周易點睛》、《易經成功學》。

八字心悟

第一版 序一

一 透過八字之實踐，達致心靈開悟

數月前有一位女士來找我批命，其八字為「水多土流」。那時候她每晚總是睡不安寧，經常夢到許多古靈精怪的事物，所以日間精神恍惚，心裏時常忐忑不安。在來見我之前，她曾遇見過一位「江湖術士」，術士教她只要在家中某個方位放置一件靈物，便可防治鬼怪事物。她於是依他所言，從他的店子內購買了極為昂貴的靈物，經他開光加持，然後歡歡喜喜地放置在家中。起初數天，不知是心理因素還是靈物顯靈，好像真的有點效用，晚上較易入睡。可是靈物保不了數天，問題又回來了。我看她的八字「水多土流」，批斷她之所以常常夢見古怪事物，是因體內濕寒，心腎不交，陽虛之故。觀她的唇色蒼白、手腳冰冷、畏寒、濕疹等，俱為實證。再加上她的生活又不見得有特別大的壓力，所以我更加肯定是生理問題。我於是教她晚上先喝一碗熱薑茶才睡，平常多喝一些去濕的湯水，少吃一些生冷寒涼的食物，只要驅除體內濕寒，以後便可睡得安寧。我最近再遇見她，見她已把身體調理好了，氣色亦

甚佳，現在她每晚都睡得很好，證實從前的怪夢與靈界事物無關。

先父去世時年僅六十歲。他年青時也曾遇見過一位江湖術士，術士狠批他六十歲必定大限難逃。先父於五十八歲腸道患了小毛病，但因為他認定自己大限已到，於是隱瞞家人自己的小毛病，拒絕求醫，最終於兩年後演變成末期癌症，藥石罔效。究竟是江湖術士誤人？抑或是命該如此呢？孰是因？孰是果？是非因果，錯綜複習，姑且勿論。但作為一個命理學家或玄學家，自應有個人的道德規範，要知自己一言隨時可置人於死地，也可救人於水深火熱之中，能不處處小心，步步為營嗎？我認為一個負責任的術數家，最重要是要予人希望，帶給人光明，引導人如何由「知命」達致「運命」。其基本應具備金、木、水、火、土五種德性：

　　金：古代俠仕的正義感、
　　木：宗教家的慈悲心懷、
　　水：經藏深入，智慧如海、
　　火：光明廣大、照於四方、
　　土：長養萬物、化育眾生。

可恨現今有很多江湖術士，為求突出其批算的功力，批命時經常運用江湖相命派流傳的「玄

關騙術」技倆及一些難明的術語，再加上很多如前世故事及靈界作祟等子虛烏有、妖言惑眾的詐騙技巧，去針對一般人性弱點，迷惑人心，實在令整個玄學界蒙羞。

其實批命的最終目的，是希望當事人能從命理分析中更加認識自己，更了解自己所處的形勢，從而學習以平常心去接受自己的現狀，以平常心去看清楚將來應走的方向，以求轉化生命中的苦境為樂境，趨吉避凶，離苦得樂。其實當一個人真正能夠以平常心去接受自己，平心靜氣，自然能滿足、能知足，外在的苦境雖仍在，內在已化為樂境，心靈平和，自然能度一切苦厄。況且，人生本來就是無常。很多苦難，後來反而結出好的果；很多幸運，卻成為了未來不幸之因。

學命理是要能「知命」和「運命」，「知命」包含「接受」，知而不接受，就永不能「運命」，更不用談「改運」。這個道理看似是理所當然，其實要真真正正做得到也是談何容易呢！要知道一個人的命局好比一輛汽車，「運命」就好比選定要走的道路，沒有人會用一輛貨櫃車與法拉利跑車競爭一級方程式冠軍，也沒有人會駕駛法拉利跑車爬崎嶇不平的山路。這是很顯淺的道理，但當套用到人生時，不是人人都可以接受

的。身為法拉利跑車的，卻抱怨為甚麼不能像四驅車那樣爬高山、走泥路。身為貨櫃車的，又不甘於在公路上運貨。這又何苦呢？

中國命理學與傳統哲學是息息相關的。傳統哲學建基於「天人合一」，「小我即宇宙」的理論；抽取「時」、「空」中任何一點，都可以代表整個世界。這與現代新物理學的「宇宙相等於一個細胞」(Universe is a cell）的理論，不謀而合。中國命理學以「八字」去探討人的命運；「八字」是指一個人的出生年、月、日和時間，是「時」、「空」中的一點，而這一點就正正代表上天賜予這人的「命」，亦包含了他整個生命中所需經歷的「運程」，所要面對的挑戰。

接受上天賜予的「命」需要勇氣，需要強烈的信念，才可能在苦境中仍達到心靈平和。一個好的命理學家要能導人「知命」和「運命」，本身就必須有一個健康積極的人生觀，和如大海一般深邃的人生智慧，方能讓當事人在苦境中看到一線光明。要知道當人生的一扇門關閉了，另一扇門必定已經打開，但是在現實生活中，我見到的事實是每一個人都太執着那一扇關閉的門，而不能看到另一扇已為他打開的門，縱是看到，卻又抱怨中間要經過長長的走廊，熬不下去。批八字、批流年就是助人尋找那扇門

和預先窺看走廊。

中國命理學絕不導人迷信，有其理論根基，可惜傳統命理學欠缺系統性，資料繁瑣，再加上古人的心理，害怕洩漏天機，禍及自己和子孫，往往用庾詞穩語來書寫，使後人無法了解，兼且古書在流傳方面，時有錯漏和互相矛盾，有鑑於此，我希望能藉着自己廿多年從事學術研究的經驗，再加上我多年來的八字實踐及八字教授等經驗，整理這門學問，並把主要的研究心得，編寫成這本書。

本書取名為《八字心悟》，含有雙層意義。其一、此書是我以古命理書為骨骼，心有所悟後，重新編寫的一本既完整，且重理性思維、具建設性、及不帶迷信的命理出門書籍。我冀望這本書能對命理學的現代化及系統化整理，起到拋磚引玉的貢獻，激發命理學愛好者新的研究靈感，更希望玄學界有朝一日，可以掃除那些怪力亂神的江湖術士，則甚幸已。其二、願此書的讀者，都能透過八字的實踐，而達致心靈開悟，明心見性。

今天，有人問我「財富」事？我答：「勿強取豪奪，勿詐騙劫盜，勿投機賭博。財富者，時也，命也，運也。不必勉強，隨意。自然而

已。」要知道一切財利，並非永遠屬於自己，連自己之身體都不是，何況財利？財利要多少才算富？要多少才算窮？原來富與窮根本沒有界限，只是自己對生活方式的執着。有人問我「名位」事？我答：「隨緣而不攀緣。不去求名，自來之，才是實名。」最高的位置，八風吹拂，眾矢之的，危險之極。所以，最有聲名的人，要忘掉名位，所謂「至名無名」。有人問我「是非毀譽」事？我答：「是非以不辯為究竟。」要知道：「菩薩忍受一切惡，向眾生，心平等，不動搖，如大地。」有人問我「姻緣」事？我答：「因果而已。」得到好的姻緣，值得恭喜；得到壞的姻緣，是前生惡因今生果，宜學「忍辱波羅蜜多」，也值得恭喜；沒有姻緣者，是不善不惡，值得恭喜；婚外色慾亂淫者，受罪為頑痴，死後墮惡趣，要知道有前因，必有後果，此故勿亂淫。所以奉勸病苦的人，首要知修行重要啊！有人問我「子女」事？我答：「子女完全是因緣果報而來。」有的子女是來報恩，有的子女是來報仇，有的子女來結一結緣，就走了。這當中有無法測知的因緣果報，要學習有子女無所謂，無子女無所謂，子女夭折也無所謂，一切應機順變，方合自然之道。只要盡了父母的責任，至於子女的回報如何，自有因果使然，勿怨天尤人。有人問我「病苦」事？我答：「千奇百怪的病，都是業力造成，因果循

環而已。」所以奉勸病苦的人，首要知修行重要啊！

最後，要特別鳴謝葉清華女士為本書作出校對及整理的努力。沒有她的堅持，本書是不會順利出版的，特此鳴謝。

覺慧

謹識於丙戌處暑

八字心悟

第一版　序二

一　透過『六龍變化』打通八字命理學的任督二脈

當您翻開這本書，看到這一頁時，我可以肯定您對於研究命理，有一定的興趣。看了很多書嗎？花了不少錢嗎？還不能批得準、批得精呢？追尋箇中原由，我發現答案就在《易經》六十四卦的第一卦：「乾」卦。「乾」卦由六個陽爻組成，是所有卦的基礎。「乾」卦的六個陽爻，道出「龍」的六種變化過程，觀察龍的變化過程，得出的啟示，發人深省。

龍的變化過程，依循一個**週期性的演變**。這個演變的**週期性**和演變的**特點**，被廣泛地應用到各種專科領域，解釋領域內種種事物的生成變化；包括天氣的轉變、人類的生老病死、文化的興盛衰落、金融地產市場的起伏、公司機構的現代管理方法等等。奇妙的是，從沒有人將這個宇宙的定律，融入學習與修煉的層面，解決在學習與修煉時常會遇到的死穴。我多年來教授學生，都是根據這個定律，學生批命的功力、進昇的幅度，比預期的還要好、還要快。

編排這本書，我當然亦以**六龍的變化**為本，好讓您能克服在修煉歷程中，所遇到的種種死穴，助您打通任督二脈。更冀望您能透過八字的實踐，達致心靈開悟。

第一部：**潛龍勿用**（龍剛剛出生，還不懂飛天的技術，不能用他做事。）

學命理的開始，和生命的開始、事物的開始、尋道的開始是一樣的。這個階段，您不能勉強自己去批算命運。重點是念誦口訣，熟讀我精選出來的二十四個口訣，在您未消化口訣的意義前，請勿用。

第二部：**見龍在田**（龍開始能行在地面上，開始可以用他。可是光靠自己，還是不能，還要有人幫助、有人賞識。）

在第二階段，修煉十神論和五行論，您開始領悟「八字命理學」的基本原理。所謂「練武三個月，自覺天下無敵，再學三年，方知寸步難行。」，正好用來形容您修成第二階段時的心情。您感覺興奮，自以為可以開始論命了。但當實踐起來，還要有高人賞識，在旁幫扶、指點。切記：勿興奮過度，只顧論命，不進研下一階段。

第三部：終日乾乾（終日自強不息，檢討自己，反省自己，請小心，避免了解錯誤。）

少試牛刀後，您要認真再投入，從新學習。這個階段，最容易想放棄。為甚麼呢？這時要修煉的，全是精深的理論，需時間領悟，需時間反省，簡單如為甚麼有時「合而能化」、有時又「合而不能化」呢，都要清楚明瞭。

《易經》的每一個卦，都是由上下或內外兩卦組成的。若您能由第三階段進昇至第四階段，便對應了「乾」卦由內跳向外的現象，您開始有成就了。弔詭的是，這亦是最危險的時刻，最容易有人想放棄的時刻，但願您能自強不息，繼續努力學習。

第三階段是由下而上、由內而外，關鍵的一步。

第四部：或躍在淵（把握機會跳躍，能飛上天便成飛龍，不能便掉回水裏變成潛龍。）

修煉成功前面的三個階段，便可算是煉成了「八字命理學」的內功心法。您縱然有深厚的內功，不懂招式，亦不能應用自如。在第四階段，我集中傳授您武功招式。勤加練習，學成後，便能於批命和批名、利、事業、婚姻、六親及災

劫運等等時，批得準，批得精。這時的您，雖不能飛，已能在八字命理的領域跳躍自如了。

要成為會飛的龍，您必須提昇您的跳躍技巧，轉化為飛行技能；嘗試將「八字命理學」的內功心法和招式，應用到玄學的其他領域，如擇日、合婚、風水、面相等。反過來說，如您不能融會貫通，將「八字命理學」的理論和其他領域的理論，混淆不清，您便是飛不起，很可能會掉回水裏。那麼您便要沈著氣、堅忍地由潛龍的階段，重新修煉。

掉回水裏的可能性，便等同「乾」卦的九四爻（即修煉時的第四階段）與初九爻（即第一階段）的相應性。「乾」卦明明白白的給了您啟示，好讓您預知在您修煉的歷程所會遇到的緣機。

第五部：飛龍在天（龍可以持續飛在天上，需要有賢德、有才能的人相助。）

進入第五階段時，您已飛離地面，不再被侷限在「八字命理學」的領域，可以嘗試學習怎樣應用八字的內功和招式，到玄學的其他領域：擇日和合婚。

玄學的天空這麼廣闊，無邊無際，除了擇日和合婚的領域，我肯定還有其他的領域，可以讓「八字命理學」飛得遠，飛得高。風水？面相？養生之道？…所有略知風水的，都會認同「八字」和風水是相關的學問。至於「面相」的領域，前人還沒有完整的研究。在這方面，我做了詳盡的研究和全面的驗証，在我將出版的新書，會一一揭露。

第六部：亢龍有悔（龍飛得太高，每每曲高和寡，易被人嫉妒。不受歡迎就會從天掉下地來，返回終日乾乾的階段。）

完成第五階段，已達到出神入化的境界，為甚麼還會有第六階段呢？

所謂天外有天，陰陽五行八字的理論和應用也有它的極限性。命理學可以助我們「知命」和「運命」。「知命」就是能以平常心去接受自己，去接受上天賜予的「命」，知而不接受，就永不能「運命」，更不用談「改運」。若您冀求轉化自己的生命，單從命理學的天空追尋，往往會遇上盲點，不能解答完盡渴望要知的疑問，例如：因果關係、修心養性、五行改造等。

第六階段就是助我們飛入天外之天，融會貫通
八字命理，衝破命理學的極限：

開創： 第2項的八字面相學
第3項的易經六龍與流年面相總論
第4項的頭面七神訣

修心： 第8項的修道真言
第9項的陰符經

改運： 第6項的飲食開運八法
第7項的《易經》成功大智慧

覺慧

謹識於丙戌處暑

八字心悟

第一版　代序葉清華

一　八字批命是真的，還是假的？是科學，還是迷信？

最近十年再燃起研究命理的熱潮，今次的熱潮有一特色跟以往不同。有不少術數家和命理書，都自我標籤能將玄學與科學結合，有些甚至在書名冠上「科學」二字。但從內容、結構、推論、論證等各層面看，都看不出那裏合乎科學和邏輯的準則。究竟玄學是科學，還是迷信？

很多人誤以為凡是科學的東西，便是好的，便是正確的。需知科學不等於正確，貼上「科學」的標籤不等於就獲得了正義與權威，不少曾被界定為科學的理論，亦隨著人類經驗智慧的積聚而被推反了。現在我們都知道行星的軌道不是圓形的，而是橢圓形的；牛頓的「重力定律」在物理學上主導了228年後，它的局限性才被發現，它的主導地位才被愛因斯坦的「相對論」所取代。我們試從另一個角度看，也有不少曾被批評為偽科學(pseudoscience）的學說，後

來被正統主流科學界所認同，如大爆炸理論(Big Bang theory)、黑洞(Black holes)、大陸漂移說(Continental drift)等。不要誤以為給玄學貼上「科學」的標籤，就能給玄學一個中肯的評價。我在這裏重申：科學不等於正確。**盲目相信**科學等同迷信，況且不是科學的知識，也可以對人類有正面的價值。我們傳統的醫術，中醫學，便是一個很好的例子。

我相信「八字命理學」的理論和驗證結果，相信它能顯示人生的玄機，它與數、理、化、生物、醫學、工程、電腦等人所共認屬於科學的知識一樣，是一個工具，一個探索宇宙生命事物的工具。不過，「八字命理學」經常由一個探索命運的工具，淪為亂世欺人、導人迷信的工具，為甚麼呢？皆因人性的弱點：江湖術士的貪念，被騙者的慾念或恐懼心理所使然。若要跳出這個騙與被騙「雞生蛋、蛋生雞」的因果循環；若要洗脫迷信的污名，便要由我們的研究態度和接受態度方面做起：**以研究科學的態度去研究玄學，以驗證科學的態度去驗證玄學**，而不是執著於將玄學標籤為科學。

做科學研究的，要求系統性、邏輯性、推論和驗證，會將研究結果公開，不會害怕洩露天機，也不會只傳弟子不傳外人，更不會有怕教曉弟子沒有師父的錯誤態度。能承先啟後，將原有概念不足的地方補充，錯誤的地方更正，發展新的知識，虛心接受批評和檢驗。接受科學研究結果的，同樣地，會以客觀的態度思考和不斷的反省分析，不會盲目相信。

如果我們能以相同的態度去研究和接受玄學，便能將玄學重新納入正軌。況且時代環境的轉變、道德標準的不同、文化的差異等因素對命運的直接影響，是要依靠批命者敏銳的時代觸覺，將這些因素全部考慮在內，才可相應地提高推算的準確度。我認為這是玄學不足的地方，有待發展新的理論包含這些因素在內。還有，需知人也可以參與命運的發展，我相信人力是可以戰勝命運的，但這並不表示玄學的理論錯誤。戰勝命運的答案並不在玄學的範疇，玄學只能助人「知命、運命」，至於「改運」的途徑，便要在其他的領域追尋。這正如若果只單憑任何一門科學，人類的文明是不會進步到今天的。

作者覺慧有二十多年的科學研究經驗，曾於五十多個國際學術會議發表不少有關電腦資訊科技的研究和現代教學方法的學術論文和演講，亦曾獲所服務的機構頒發「最創新」獎和「最優異成就」獎。作者以命學經典《滴天髓》為研究八字批命的理論**骨幹**，將研究結果公開，編寫成《八字心悟》這本書。作者不但能將明代命理大師劉伯溫的論說，深入淺出的詳細說明，更能承先啟後，獨創新思想。作者將前人積聚的智慧和數據，歸納演繹為不少精妙的、首創的命理理論，落實地將八字命理系統化、邏輯化，掃除研究上迷信的成份。

首先從書的整體結構談起。結構上最精彩的部份，是作者將一大堆口訣放在書的開首。雖然是精選出來，只有二十四個，當中有不少艱深的古文，對於不喜唸書或記性不好的讀者是一大堆，我是其中一個。我想十個讀者有九個被嚇跑，我曾就此詢問作者覺慧，所得的答案是「給有緣人看的」。那時我半信半疑，與他一起編輯完這本書後，才體會和認同他的論點。沒有緣的，沒有決心的，便沒有機會接受他的內功心法。所謂緣，我想，也是作者給讀者的一個考驗，亦是讀者給自己的一個挑戰。佛家五祖傳位給六祖惠能前，曾給了他不只一個的考驗。

作者構思這本書的整體架構，有他的獨特創新之處。背後不但包含嚴謹的邏輯思維，又有可實踐、可證實的教與學哲理。作者深明一般人的學習心理，也了解一般人學習時要克服的難關和學習時上上落落、似懂非懂的進展曲線，他首創以《易經》乾卦龍的演變進程，分六個階段，來傳授他的八字內功心法。由理論開始，將理論歸類，分析立論的著點，推演應用的方法和技巧，在適當的地方加以舉例說明，又列出大量的驗證，讓讀者有足夠的練習，更附錄八字命理以外的領域，供讀者尋求「明心見性」和「改運」的參考。不但整體的內容結構是如此的深思熟慮，每一章每一節都有緊湊的系統性和邏輯性。這就是研究學問、研究學術應有的科學態度；先吸收知識，繼而應用，再進一步研究開發，將其發揚光大。如果書本或課程的結構鬆散，縱然內容豐富，也無助於學習和吸收的進度。將《易經》乾卦的思維應用到教與學的層面，結合玄學、哲學與教學方法，這是否也值得教統局負責課程編排的高官們借鏡呢？我在學習游泳時，也曾經歷相同的「由內而外，由下而上」的轉捩點，這就是如何呼吸，相信很多曾學習游泳的人都有同感。

作者覺慧的務實創新作風，在傳授學術的技巧和本書的內容架構上，只略見一斑。令人拍案叫絕的，是全書遍佈作者首創的、精妙的八字心法。在這裏不宜逐一細説，只列出最精彩的部份：一、形象氣勢論命法。二、十神全局論命法。三、「十神作用」和「十神互動方式」批歲運心法。四、八字擇日大法，等等。這些精簡、實用的理論，全是作者歸納實戰經驗的數據，和印證前人傳下來大量的案例，有系統地演繹而成的心法。作者用他新創的「合婚日課」心法，推斷出來的結果，與玄學名家梁超先生依據「婚嫁河洛理數擇日」理論所推斷的結果，完全一致。究竟是兩個不同的命理系統，彼此印證對方，亦為是彼此犯了同樣的錯誤呢？這有待聰明的讀者的驗證。作者覺慧公開他的研究結果，歡迎批評和檢驗，這樣的研究態度，是值得我們欣賞的。

我特別喜歡「互動」這個作者新創的玄學術語。用得非常的貼切、非常的準確，較之於傳統術語，更能生動地、不含評價地帶出陰陽五行「互相影響」的意思。傳統術語隱藏價值觀。「尅、沖、刑、害」的字義含有負面價值，「生、會、合」的字義含有正面價值，我們容易被誤導。其實，五行的「生、尅、會、合、沖、刑、害」對命運的影響是正面還是負面，是要由命、

運、歲三者的整體給合而定的。故此用一個中性的集合詞,「互動」,去表達陰陽五行「互相影響」的各種情況,可以建立正確的基礎觀念,當引用「生、尅、會、合、沖、刑、害」傳統術語分析各種的互動情況時,就不易被誤導。

八字命理學由古代流傳到今天,經歷千多年,仍有不少混淆不清的地方,如「五行流通」的原則,「天干得令」的判決方法,地支相刑的吉凶判斷,會合時化與不化的取捨……。這些不清晰的八字理論,作者都逐一分類,詳細解釋,務求清楚淺白。説來也奇怪,「五行流通」與「五行平衡」均為論命的基本原則,卻受到不同的待遇。坊間的八字命理書,十之八九都避而不談「流通」。作者將《滴天髓》的「五行流通」理論:順流、逆流、流通路線、流通與捉用神、批命、批流年大運的關係,發揮得淋漓盡致,絕無誇大之詞,誠能繼往開來。作者更首創以線箭符號顯示流通的規則和方向,簡單易明,具現代化的創意。

除了釐清混淆模糊的命理理論之外,作者覺慧還指出古書誤人的地方和學習命理的五大誤區,言詞毫不隱晦,正所謂:「謠言止於智者」。那麼玄學是真的,還是假的?是科學,還是迷信?這不是一個三言兩語便可回答的問題。劃分和界定那些知識是科學或非科學的標準,屬於科學哲學(Philosophy of Science)的範疇,稱為科學劃界(Demarcation of Science)。玄學、中醫學、太極、氣功等中國傳統智慧的發展,不是執著於將它標簽為科學,而是有賴我們以研究科學的態度去研究,以驗證科學的態度去驗證。作者覺慧將他二十多年研究科學的經驗,靈活地應用到發展傳統智慧上,寫成《八字心悟》這本書,給玄學一個正面的定位。

增修八字心悟

目錄

增修八字心悟

目錄

下冊－應用篇

第五部：飛龍在天

第五部：飛龍在天

第一章：八字擇日大法

第一節　正五行擇日概要

擇日的目的，在於取一個新的開始，一個好的開始。我們都期望選擇一個好日子，能使所辦的事得到成功。先不論擇日可否達成冀望的神奇效果，但肯定的是擇日能給予我們一種正面的心理作用。信心增強了，成功的機會自然能大大增加。

擇日（又名擇吉），派別多於一百二十家。擇日是隨着術數興起而興起，基本上與各種術數同步。其中較為人認識者有正五行、紫白訣、建徐、奇門、六壬、七政、太乙、斗首、三元命卦、曆家、河洛理數、梅花、天星法等等。

正五行擇日的理論與正五行命理是相通的。正五行八字命理只論五行生尅制化，反對神煞、納音、生肖、星宮等之批斷。同樣地，正五行擇日，亦只論五行生尅制化，簡單明瞭，**容易理解，容易掌握**，充份地表現「簡易易知」的易學本質。

有些江湖流派擇日學,由於脫離人的因素,只從所選擇的吉日(又名日課)來定吉凶,這是不對的。試想,同一天同一時,也會有人吉有人凶,所以所謂的良辰吉日的對象應該是人。離開人的要素,吉日良辰都是不實在的。「正五行擇日學」就是能針對性地否定那些江湖流派的擇日學。

正五行命理以八字本身的五行生剋制化,來論一個命局的吉凶禍福,正五行擇日之主要目的,是補足當事人命理的五行用神的不足。所以說,八字命理是正五行擇日的基礎。八字命理學得好,擇日自然易如反掌。因為八字與日課是相通的。八字又稱為「命」,命是由天造,故命有貧賤富貴壽夭吉凶等;日課又稱為「造命」,是由擇日家選擇出來的。而造命,簡單地說就是希望人為地造出一個好「命」罷了。所以擇日是一門具有主動性,可由自己掌握自己命運的大學問。

第二節　正五行擇日心法

正五行擇日，當涉及風水，必須是既對事又對人。對人，就是補足當事人命理的五行用神的不足。對事，陽宅如動土、安門、安灶、入伙等；陰宅如破土、安葬、立碑等，均涉及到風水中坐山與日課配合的問題。

> **正五行擇日之心法，可簡單地總結為「扶山相主」。**

論相主

所謂相主，是要補足當事人命理的五行用神的不足。日柱為日課的主事，重點在天干（日主）。正五行擇日，即所謂運用日課補足當事人的八字用神，其具體方法為：

1. 日課中的日主必須是當事人的用神，絕不能與用神背道而馳；
2. 日課中的日主要強旺，地支要載，且全局要順生有情。

正五行擇日與八字命理不同之處，在於八字尅洩皆喜，日課則喜洩不喜尅。八字喜棄命從強旺成格、日課則忌從格。

例如當事人八字喜木，可用甲子、乙亥、甲寅、乙卯、甲辰、乙未等；忌用甲申、乙酉之類的截腳日子。

例如當事人八字喜火，可用丙寅、丁卯、丙午、丁巳、丙戌、丁未等；忌用丙子、丁亥、丙申之類的截腳日子。

例如當事人八字喜金，可用庚申、辛酉、庚戌、辛丑、庚辰、辛未等；忌用庚午、庚寅之類的截腳日子。

例如當事人八字喜水，可用癸亥、壬子、癸丑、壬辰、壬申、癸酉等；忌用壬戌、癸未之類的截腳日子。

例如當事人八字喜濕土，可用戊辰、己丑；如當事人八字喜燥土，可用戊戌、己未、戊午、己巳之類。忌用戊寅、己卯之類的截腳日子。

論扶山

所謂扶山，是以屋的坐山為主、或以灶頭或床頭或神位的坐山為主、或以來龍的坐山為主、或以墓碑的坐山為主，並以日課地支生扶之。其具體方法為：

1. 日課地支不能沖尅或洩坐山；
2. 日課地支最好能成格成局（其中以三合局為最吉利），比和或生旺坐山。

例如坐山屬木（甲、乙、寅、卯、巽），則日課可用地支亥、卯、未三合木局，是謂同氣相旺。地支申、子、辰三合水局亦可用，是謂印局。又地支可全用四丑、四未、或四戌（四辰自刑不可為用），是謂土局，木尅土為財局，亦可取用。而火局（洩我者為洩局）與金局（尅我者為煞局），均不宜取用。

例如坐山屬水（壬、癸、亥、子），則日課可用地支申、子、辰三合水局，是謂同氣相旺。地支巳、酉、丑三合金局亦可用，是謂印局。又地支寅、午、戌三合火局，水尅火為財局，亦可取用。而木局（洩我者為洩局）與土局（尅我者為煞局），均不宜取用。

例如坐山屬火（巳、丙、午、丁），則日課可用地支寅、午、戌三合火局，是謂同氣相旺。地支亥、卯、未三合木局亦可用，是謂印局。又地支巳、酉、丑三合金局，火尅金為財局，亦可取用。而土局（洩我者為洩局）與水局（尅我者為煞局），均不宜取用。

例如坐山屬金（庚、申、酉、辛、乾），則日課可用地支巳、酉、丑三合金局，是謂同氣相旺。地支可全用四丑、四未、或四戌（四辰自刑不可為用），土生金，是謂印局。又地支亥、卯、末三合木局，金尅木為財局，亦可取用。而水局（洩我者為洩局）與火局（尅我者為煞局），均不宜取用。

例如坐山屬土（丑、艮、辰、未、坤、戌），則日課可用地支寅、午、戌三合火局，是謂印局。又地支申、子、辰三合水局，土尅水為財局，亦可取用。而金局（洩我者為洩局）與木局（尅我者為煞局），均不宜取用。

> 如扶山與相主兩者不能兼得，則應以扶山為首要。因為如果宅吉，日課又吉，縱使宅主命運衰，亦能為其「消災解難」。

第三節　正五行日課之吉凶分類

論主凶之日課

死日課（從格）：日主處一遍剋洩之死地。主凶。

例：　中華民國成立：辛亥、庚子、丙子、己亥
　　　（1912年元旦22時）。民國建立後，災難
　　　重重，在大陸僅統治了三十八年。

衰絕日課（假從格）：日主極弱，不得令及生助
極少。主凶。

例：　天干甲戊庚為三奇貴人日課，就正五行
　　　而言，實為衰絕日課：戊寅、甲寅、庚
　　　寅、戊寅。當事人家宅坐山為庚，入宅後
　　　災難不絕。

旺極日課（比劫爭財）：日主得令，比劫重重，
無剋無洩。或有財而財處死地或被劫奪。主大
破財。旺極易折，所以主凶。

例：　「楊公日課」中所謂大吉之造，就正五行
　　　而言，乙木處死地又被合，故財全死。實
　　　為旺極日課，大凶：庚辰、乙酉、庚辰、
　　　乙酉。除非當事人八字用神為金，且正好

木成局成象，方可解日課的破財之象而致得財無礙。若當事人又是金旺，金為蕭殺之神，必主殺身凶災。

生盡日課：所謂生盡日課，是指年干本身無根又無生扶，其元氣被洩盡而死。這種日課一般是男當事人或父有災。所以不論日課多貴氣，若為生盡日課，仍為先凶後吉的凶造。故主凶。

例： 傷及老父的生盡日課之一：戊寅、庚申、庚子、庚辰。

例： 傷及老父的生盡日課之二：戊申、庚申、壬子、壬寅。

反骨日課：日課的日柱與年柱天尅地沖，並且日干比年干為旺者，是謂反骨日課。主家無寧日，鬥爭不絕，是非不斷，不出大災大禍已是幸運了。主凶。

例： 家無寧日的反骨日課之一：乙亥、壬午、辛巳、戊子。

例： 家無寧日的反骨日課之二：己未、丙寅、乙丑、甲申。

三刑日課：地支三刑為：寅巳申三刑、丑未戌三刑、及兩子見一卯或一子見兩卯亦為三刑。三刑日課必主傷災。主凶。

例： 必主傷災的三刑日課：丙子、辛卯、壬子、庚子。

論主吉的日課

催財日課：日主旺，有食傷生財，主富，是謂催財日課。

例： 食傷生財的催財日課：丁丑、癸卯、甲寅、己巳。

催官日課：日主旺，官旺，主貴，是謂催官日課。如果日主不旺而能官印逆生亦可。主官貴，主吉。

例： 日主旺，官旺的催官日課：己卯、丁卯、丙子、壬辰。

例： 官印逆生日主的催官日課：戊寅、辛酉、乙亥、丙子。

例： 極帶動象的催官日課：甲申、壬申、丙寅、甲午。

聰格日課：日主當令且旺，地支得食傷成局洩日主的秀氣，是謂聰格，主聰明伶俐，好讀書之人。唯官星無氣，如任官職，不可用之。聰格日課對於正在讀書的小朋友，及對於從事創作的人仕，尤為大吉。

例： 食傷洩秀的聰格日課：戊寅、乙卯、甲戌、庚午。

風水之凶，尚可化解。日課之凶，則無法化解。所以在選擇日課之時，大家務必小心謹慎。切勿害己害人。

第五部：飛龍在天

第二章：八字合婚擇吉

第一節　嫁娶六禮

傳統婚嫁，講究儀節禮數：同姓不婚、門當戶對、明媒正娶、且要乎合六禮的程序儀式進行，極之注重吉利。如此慎重婚姻的開始，都是希冀有圓滿的結合。依古禮，結婚有六禮，六禮的程序是：

1. 納采（議婚、提親、説親）
2. 問名（討年生、問八字）
3. 納吉（小定、過定）
4. 納徵又稱納幣、納成（大定、行聘、完聘）
5. 請期（送日頭、送日子、乞日。將嫁娶日課送與女家）
6. 親迎（迎親）

到了南宋，六禮併為三禮，依序是納采、納徵、迎親。到了清代，又簡化為二禮，只有納徵與迎親。近年社會結構改變，一切講究「新、速、實、簡」，將婚禮簡化為訂婚、結婚兩個步驟，乎合現代社會的需要。

第二節　合婚擇吉概論

婚姻乃正家之始，古往今來，人們都把合婚當作一件大事。古云：「兩造合婚，嫁娶嗣後，欲求琴瑟和鳴，早賜麟兒，家庭幸福，富貴壽考，人之所欲，亦憑在嫁娶選擇（即八字合婚、擇吉）之吉凶，有莫大之關係也。」

合婚擇吉，是以男女兩位當事人的八字及雙方父母親的出生年為主要參考資料，以選擇大吉的納徵日（可視為現代的訂婚日）、安床日、嫁娶日（及出門迎娶時間、入門祭祖時間）。嫁娶日忌沖犯雙方當事人及父母，也不可與納徵日、安床日相沖。

目前坊間盛行的合婚擇吉，大多是採用《嫁娶碎金賦》或《嫁娶天機書》所提倡的神煞派為依歸，認定神煞為擇日的根據。按神煞派的嫁娶條例，選擇嫁娶的良辰，先從女命定佳期，再從男命配選日，嫁娶擇日神煞繁多，計有二百八十條之多，其中有男命神煞、女命神煞、相沖、三殺、三刑、箭刃、回頭貢煞、孤辰、寡宿、男厄、破碎殺、父滅子胎、母滅子胎、陽氣、陰胎….等等。此派全憑吉凶神煞決定日課，將全部神煞，分別吉凶，並將所有吉凶神於每一個年、月、日、時推列出來，以觀

日課之吉凶宜忌。由於其中神煞浩繁，吉神難以盡全，凶神未免無犯，是以生尅制化吉凶充滿矛盾，至令很多人對擇日學不知如何入手，甚至視擇日學為無稽之談，根本是無中生有。

《嫁娶碎金賦》云：「嫁娶之法說與知，先將女命定利期，次用男命配選日，女命為主要吉利。」合婚擇吉，傳統做法是先從女命定佳期，由女命出生年決定每年八個可嫁娶之月（大吉月、吉利月、翁姑月、父母月）及四個不可嫁娶之月（妨夫月、妨婦月）。再從女命配合男命選擇吉辰，即日課本身的吉神，不能是男女命凶神（如男厄忌、女產忌等），更不可沖尅男命及女命之的主要嫁娶神煞（如男陽氣、女陰胎、天官、天嗣等）。但不同的凶神遇到某些大吉神如天乙貴人、貴人登天時、羅紋交貴、三德貴人等可化解。其中的吉凶制化混雜，往往選擇甚難。

單從神煞決定日課吉凶，從我多年之所見所聞，確實有很多個案是存在著極大之問題。例如用了神煞吉但正五行是死日課、衰絕日課、生盡日課、反骨日課或三刑日課合婚，最終導致當事人災禍不斷，損丁破財。真可謂古書誤人啊！

第三節　正五行合婚擇吉

正五行擇日合婚基本上是要為一對新婚男女選擇一個有利於雙方五行用神的日課。合婚日課基本的要求是「清純」，其中尤其要注意陰陽的配合及五行的順生有情，加上日課能合得成格局，必須並得生旺的日時，才可稱為最佳。

正五行合婚擇吉要點：

1. 女命用神為主，日主身旺，順生食傷生財的日課為最佳（主旺丁旺財）。
2. 合婚日課基本的要求是「清純」。其中尤其要注意陰陽的配合及五行的相生有情。
3. 合婚日課的日支，不可與乾坤二造的出生年支刑沖。
4. 合婚日課的日支，不可與乾坤二造的父母出生年支刑沖。
5. 日課能合得成格局者為佳（如天干五合、地支三合及六合）。
6. 日課能生旺日柱及時柱者為佳（所謂開花結果也）。

正五行合婚擇日，必須是既對事又對人的。對人，就是補足女當事人命理的五行用神的不足。對事者，如安床、采轎（車頭）方向、入門祭祖等，涉及到風水中坐山與日課配合的問題，可參考上一課的論扶山部份。

正五行合婚擇吉，須在「婚課紅紙」上填入以下項目：

1. 乾坤二造（龍圖、鳳局）
2. 乾造父母生年（主婚）
3. 坤造父母生年（主婚）
4. 乾坤二造的用神、忌神
5. 忌刑沖之地支
6. 納徵日課
7. 安床日課（配床坐向方位）
8. 親迎日課（配入門祭祖坐向方位）
9. 婚課吉期之詳細解說

第四節　正五行合婚日課吉凶實例

本節所有命例皆擇自梁超先生著作的《正五行擇日真諦》「婚嫁河洛理數擇日」的章節。梁超先生所用的「婚嫁河洛理數擇日」，雖與我提倡的「正五行合婚日課」，立論於兩個完全不同的系統，但兩者所推斷出來的日課的吉凶，竟完全一致。這點我知道絕對不是一個巧合。因為我早年也曾學習以易經六十四卦為基礎的「河洛理數命理學」，發現河洛理數命理學對於一個命造及大運流年的吉凶判斷，和以正五行為基礎的「八字命理」的判斷，是完全一致的。背後的玄機及秘密，我希望這一代的新命理學研究者能把謎底解開，為中華易學及玄學開創新的一頁。

現在，言歸正傳。

主凶的合婚日課

衰絕日課例：

- 乾造：癸丑、癸亥、庚戌、丙戌
- 坤造：癸丑、乙丑、丙辰、戊子
- 合婚日課：乙亥、丁亥、庚午、辛巳

合婚日課日主極弱，不得令及生助極少。剋洩交加，子息難得及有災，主凶。結婚後，夫婦一直沒有子女，即使懷孕，亦小產，保不住胎。

旺極日課例：

- 乾造：庚戌、辛巳、壬寅、甲辰
- 坤造：辛亥、乙未、己未、己丑
- 合婚日課：丁丑、癸丑、戊寅、戊午

合婚日課日主得令，比劫重重，無剋無洩。主子息無望，所以主凶。結婚後，夫婦一直沒有子女，非常煩惱。

反骨日課例：

- 乾造：壬辰、戊申、癸丑、乙卯
- 坤造：丁酉、癸卯、丁未、壬寅
- 合婚日課：庚申、戊寅、丙寅、甲午

合婚日課四柱獨陽無陰。日課的日柱與年柱天尅地沖，並且日干比年干為旺者，是謂反骨日課。結婚後，女方得了婦科病及小產等。

主吉的合婚日課

旺丁旺財日課：日主旺，順生食傷生財，主旺丁旺財的合婚日課。

例一：

- 乾造：癸卯、甲子、辛亥、己丑
- 坤造：乙巳、癸未、丙寅、辛卯
- 合婚日課：己卯、壬申、辛丑、丁酉

女命日主丙火極旺，用神為濕土、金及水等。故合婚日課日主辛金為其用神。結婚後半年懷孕，一年多後得一健康男孩。

例二：

- 乾造：甲寅、庚午、乙未、甲申
- 坤造：乙卯、丁亥、甲子、壬申
- 合婚日課：己卯、丙寅、甲辰、辛未

合婚日課日主甲木得令，又得地支寅卯辰三會成木局，木極旺，順生旺火（丙火坐寅木得令、且得旺根），極旺丁的日課。結婚後一年內順利得子。

例三：

- 乾造：壬子、壬寅、乙酉、庚辰
- 坤造：乙卯、己丑、己巳、乙丑
- 合婚日課：庚辰、乙酉、辛巳、癸巳

合婚日課日主辛金得令，又得地支辰酉六合金局、及酉巳半三合金局，金極旺，順生旺水（癸水得令），極旺丁的日課。加上辛金為坤造的用神，大吉。男方三代單傳，結婚後一年內喜得麟兒。

例四：

- 乾造：乙巳、己卯、乙丑、庚辰
- 坤造：戊申、乙丑、丁未、癸卯
- 合婚日課：庚辰、己卯、丙寅、甲午

合婚日課日主丙火得令，又得地支寅卯辰三會成木局相生，火極旺，順生土金，旺丁旺財的日課。

例五：

- 乾造：壬子、丁未、辛丑、癸巳
- 坤造：甲寅、庚午、丙子、庚寅
- 合婚日課：己卯、壬申、庚申、庚辰

合婚日課日主庚金得令得地，金極旺，順生旺水（壬水得令，加上申辰半三合水局），極旺丁的日課。加上土、辛金為坤造的用神，大吉。

例六：

- 乾造：癸丑、戊午、壬辰、丙午
- 坤造：乙卯、丁亥、乙丑、庚辰
- 合婚日課：戊寅、乙丑、辛酉、癸巳

合婚日課日主辛金得令，又得巳酉丑三合金局，金極旺，順生癸水有情，旺丁的日課。加上辛金為乾造的用神，大吉。

例七：

- 乾造：壬寅、丙午、丙子、甲午
- 坤造：壬寅、甲辰、庚辰、甲申
- 合婚日課：己卯、癸酉、庚辰、辛巳

合婚日課日主庚金得令，又得巳酉半丑三合金局、辰酉六合金局，金極旺，順生癸水有情，旺丁的日課。婚後一年內得一掌上明珠。

例八：

- 乾造：戊申、戊午、丙寅、丁酉
- 坤造：庚戌、戊寅、丁卯、己酉
- 合婚日課：戊寅、辛酉、庚辰、辛巳

合婚日課日主庚金得令，又得巳酉半三合金局、辰酉六合金局，金極旺，喜順生水有情。但日課欠水，是謂美中不足。幸庚金乃為乾造及坤造的用神。故亦主吉。婚後一年得一千金。

第六部：亢龍有悔《正命之路》

第六部：亢龍有悔《正命之路》

《增修八字心悟》：

1. 滴天髓口訣
2. 八字面相學
3. 易經六龍與流年面相總論
4. 頭面七神訣
5. 八字十式
6. 飲食開運八法
7. 《易經》成功大智慧
8. 修道真言（陰陽五行法修行經典之一）
9. 陰符經（陰陽五行法修行經典之二）

1. 滴天髓口訣

[通天論]

天道： **欲識三元萬法宗，先觀地載與神功。**

天有陰陽，故春木夏火秋金冬水季月土，得時顯其神功，命中天地人元之理，悉本乎此。

地道： **坤元合德機咸通，五氣偏全定吉凶。**

地有剛柔，故五行生於東南西北中，與天合德而神其機咸之妙用，賦於人者有偏全之不一，故吉凶定於此。

人道： **戴天履地惟人貴，順則吉兮悖則凶。**

凡物莫不得五行，而戴天履地，惟人稱五行之全，故貴其有吉凶之不一者以其得於五行之順與悖也。

知命：　要與人間開聾瞶，順悖之機須理
　　　　會。

　　　　不知命者，如聾瞶，知命者於順
　　　　逆之機，而理會之，庶可開天下
　　　　之聾瞶，而有功當世也。

理氣：　理乘氣行豈有常，進兮退兮宜抑
　　　　揚。

　　　　開闢往來皆是氣，而理行乎其間，
　　　　行之始而進，進之極則為退之機，
　　　　如三月之甲木是也，行之盛而退，
　　　　退之極則為進之機，如九月之甲
　　　　木是也，學者能抑揚其淺深，斯
　　　　可以言命矣。

配合：　配合干支仔細詳，斷人禍福與災
　　　　祥。

　　　　天干地支相為配合，要詳細推其
　　　　進退之機，始可以斷人之禍福災
　　　　祥。

天干： **五陽皆陽丙為最，五陰皆陰癸為至。**

甲丙戊庚壬為陽，獨丙火秉陽之精，而為陽中之陽，乙丁己辛癸為陰，獨癸水秉陰之精而為陰中之陰。

五陽從氣不從勢，五陰從勢無情義。

五陽得陽之氣，即能成乎陽剛之事，不畏才煞之勢，五陰得陰之氣，即能成乎陰順之義，故木盛則從木，火盛則從火，金盛則從金，水盛則從水，土盛則從土，於情義之所在者，見其勢衰則忘之矣，蓋婦人之情如此，若得氣順正，亦未必從勢而忘義，雖從其性，亦必正者矣。

[天干論]

甲木：　甲木參天，脫胎要火，春不容金，
　　　　秋不容土，火熾乘龍，水蕩騎虎，
　　　　地潤天和，植立千古。

　　　　純陽之木，參天雄壯，火者木之
　　　　子也，旺木得火而愈敷榮，生於
　　　　春則助火，而不能容金也，生於
　　　　秋則助金，而不能容土也，寅午
　　　　戌丙丁多見而坐辰，則能受之，
　　　　申子辰壬癸多見而坐寅，則能納
　　　　之，使土氣不乾，水氣不消則能
　　　　長生矣。

乙木：　乙木雖柔，圭羊解牛，懷丁抱丙，
　　　　跨鳳乘猴，虛濕之地，騎馬亦憂，
　　　　藤蘿繫甲，可春可秋。

　　　　乙木者，如生於春之桃李，夏之
　　　　禾稼，秋之桐桂，冬之奇葩，坐
　　　　丑未能制柔土，如圭宰羊解割牛，
　　　　然只要有一丙丁，則雖生申酉之
　　　　月亦不畏之，生於子月而又庚辛
　　　　壬癸透者，則雖坐午亦難發生，
　　　　故知申酉丑未月為美，甲與寅名
　　　　見，如弟從兄之義譬之藤蘿附喬
　　　　木何畏砍伐哉。

丙火：　**丙火猛烈，欺霜侮雪，能鍛庚金，逢辛反怯，土眾生慈，水猖顯節，虎馬犬鄉，甲來成滅。**

火陽精也，丙火爍陽之至，故猛烈不畏秋而欺霜，不畏冬而侮雪，庚金雖頑，力能鍛之，辛金本柔，合而反弱，土其子也，見戊己多而成慈愛之德，水其君也，遇壬癸旺而顯忠節之風，至於未遂炎上之性，而遇寅午戌一二位者，露甲木則燥而焚滅也。

丁火：　**丁火柔中，內性昭融，抱乙而孝，合壬而忠，旺而不烈，衰而不窮，如有嫡母，可秋可冬。**

丁屬陰火，性雖陽柔而得其中矣，外柔順而內文明，內性豈不昭融乎，乙丁之嫡母也，乙畏辛而丁抱之，不若丙抱甲而反能焚甲木也，不若己抱丁而反能晦丁火也，其孝異乎人矣，壬丁之正君也，壬畏戊而丁合之，外則撫恤戊土，能使戊土不欺乎壬也，內則暗化木，神能使戊土不敢抗乎壬也，

其忠異乎人矣，生於夏令雖逢丙
火，特讓之而不助其焰，不至於
烈矣，生於秋冬，得一甲和則倚
之不波而焰至於無窮也，故曰可
秋可冬，皆柔之道也。

戊土： **戊土固重，既中且正，靜翕動闢，**
萬物司命，水潤物生，火燥物病，
若在艮坤，怕沖宜靜。

戊土乃城牆隄岸之謂也，較己土
特高厚剛燥，乃己土之發源地也，
得乎中氣而且正大矣，春夏則氣
闢而生萬物，故為萬物之司命也，
其氣屬陽，喜潤不喜燥，坐寅怕
申，坐申怕寅，蓋沖則根動，非
地道之正也，故宜靜。

己土：　己土卑濕，中正蓄藏，不愁木盛，
　　　　不畏水旺，火少火晦，金多金明，
　　　　若要物昌，宜助宜幫。

　　　　己土卑薄軟濕，乃戊土枝葉之地，
　　　　亦主中正而能蓄藏萬物。柔土能
　　　　生木，非木所能克，故不愁木盛；
　　　　土深而能納水，非水所能盪，故
　　　　不畏水狂。無根之火，不能生濕
　　　　土，故火少而火反晦；濕土能潤
　　　　金氣，故金多而金光彩，反清瑩
　　　　可觀。此其無為而有為之妙用。
　　　　若要萬物充盛長旺，惟土勢深固，
　　　　又得火氣暖和方可。

庚金：　庚金帶煞，剛健為最，得水而清，
　　　　得火而銳，土潤則生，土乾則脆，
　　　　能嬴甲兄，輸於乙妹。

　　　　庚金乃天上之太白，帶煞而剛健，
　　　　健而得水，則氣流而清，剛而得
　　　　火，則氣純而銳，有水之土，能
　　　　全其生，有火之土，能使其脆，
　　　　甲木雖強，力足伐之，乙木雖柔，
　　　　合而反弱矣。

辛金： 辛金軟弱，溫潤而清，畏土之多，樂水之盈，能扶社稷，能救生靈，熱則喜母，寒則喜丁。

辛乃陰金，乃珠玉之謂也，凡溫軟清潤者，皆辛金也，戊土多而能埋，故畏之，壬水多而必秀，故樂之，辛丙之臣也，合丙化水，使丙火臣服壬水，而扶社稷，辛甲之君也合丙化水，使丙火不焚甲木，而救生靈，生於夏而得己土，則能晦火而存之，生於冬而得丁火，則能敵寒而養之，故辛金生於冬月，會見丙火，則男命不貴，雖貴亦不忠，女命剋夫，不剋亦不和，見丁火，則男女皆貴且順。

壬水： 壬水通河，能洩金氣，剛中之德，週流不滯，通根透癸，沖天奔地，化則有情，從則相濟。

壬水則癸水之源，發於崑崙，癸水即壬水之歸宿，扶桑之水，有分有合，運行不息，所以為百川也，亦為雨露也，是不可歧而二之，申為天關，乃天河之口，水生此，能發西方金氣，週流之性，漸進不漸，剛中之德猶然也，若申子辰全，而又透癸，其勢沖奔不可遏也，如東海發端於天河，每成水患，命中遇之，若其用財官者，其禍福當何如哉，合丁化木，又生丁火，可謂有情能制丙火，不奪丁火之愛故為夫義而君仁，生於九夏，則巳午未中火土之氣，得壬水薰蒸而成雨露，故雖從火而未嘗不濟也。

癸水： 癸水至弱，達於天津，得龍而潤，
功化斯神，不愁火土，不論庚辛，
合戊見火，化象斯真。

癸水，乃陰之純而至弱，故扶桑
有弱水，至達於天津，得龍而成
雲雨，乃能潤澤萬物，功化斯神，
凡柱中有甲乙寅卯，皆能運水氣，
生木製火，潤土養金，為貴格，
火土雖多不畏，至於庚辛，則不
賴其生，亦不忌其多，惟合成土
化火，何也，戊生於寅，癸生於
卯，卯屬東方，故能生如火，此
一說也，不知地不滿東南，戊土
之極處，乃癸水之盡處，乃太陽
起方也，故化火，凡戊癸得丙丁
透者，不論衰旺秋冬，皆能化火
最為真也。

[地支論]
陽干： 陽干動且強，速達顯災祥。

干為陽、支為陰也。
干主天，顯露於外，故動而有為；
干之性質單純，故顯之於用，天
干之為吉為凶，顯而易見。

陰支： **陰支靜且專，否泰每經年。**

支主地，藏納於下；支之性質複雜，若吉神暗藏，或凶物深藏，一時不是禍福。非歲運引動，休咎不顯；經年者，言歲運相催也。

戰局： **天戰猶自可，地戰急如火。**

干頭遇甲乙庚辛，謂之天戰，而得地順靜者無害，地支寅申卯酉，謂之地戰則干不能為力，其勢速凶，蓋天主動，地主靜故也，若或甲寅乙卯庚申辛酉皆見，謂之天地交戰，必凶無疑，遇歲合之會之，視其勝負，亦有可存可發者，其有兩沖者，只得一個合神有力，或會神庫神貴神，以收其動氣，息其爭氣，亦為佳美，至於喜神伏藏死絕者，又要沖動，引用生發之機也。

合局： 合有宜不宜，合多不為奇。

喜神有能合而助之者，以庚為喜神，得乙合而助金，凶神，有能合而去之者，以甲為凶神，得己合而去木，動局有能合而靜者，如子午相沖，得丑未合而靜，生局有能合而成者，如甲生於亥，得寅合而成，皆是也，如助其凶神之合，如己為凶神，甲合之，則為羈絆，喜神之合，如乙是喜神，庚合之，則羈絆掩蔽，動局之合，丑未喜神子午合之，則閑生局之合，不喜甲木，寅亥合之，則助，皆不宜也，大約多合則不流通，不奮發，雖有秀氣亦不為奇矣。

宜忌： 生方怕動庫宜開，敗地逢沖仔細推。

寅申巳亥，生方也，忌沖動，辰戌丑未，四庫也，宜沖則開，子午卯酉，四敗也，有逢合而喜沖者，不若生地之必不可沖也，有逢沖而喜合者，不若庫地之必不可閉也，仔細詳之。

冲剋： 支神只以冲為重，刑與穿兮動不動。

沖者，必是相剋也，及四庫如兄弟之冲，所以必動，至於刑穿之間，又有相生相合者存，所以有動不動之異，故為輕也。

暗冲： 暗冲暗合尤為喜，彼冲我冲皆冲起。

如柱中所無所缺之局，取多者，暗冲暗合，冲起暗神而來會合，暗神比明冲明會尤佳，如子來冲午，寅與戌會合者，是日干為我，提綱為彼，提網為我，年時為彼，四柱為我，歲月為彼，彼寅我申是彼冲我，我子彼午，是我冲彼，皆為冲起。

冲旺： 旺者冲衰衰者拔，衰神冲旺旺者發。

如子旺午衰，子冲午則午拔不能立，子衰午旺，子冲午則午發而為福，餘皆做此。

[干支總論]

順逆：　陽順陰逆，其理固殊，陽生陰死，
　　　　其論勿執。

　　　陽生陰死，陽順陰逆，此理出於
　　　洛書，流行之用，固信有之，然
　　　甲木死於午，午為洩氣之地，理
　　　固然也，而乙木死於亥，亥中有
　　　壬水，乃其嫡母，何為死哉？凡
　　　此皆詳其干支輕重之機，母子相
　　　依之勢，陰陽消息之理，而論吉
　　　凶可也，若專執生死一說推斷則
　　　有誤矣。

覆載：　天全一氣，不可使地道莫之載。
　　　　地全三物，不可使天道莫之覆。

　　　四甲四乙，而遇寅申卯酉相冲，
　　　為地不載。
　　　寅卯辰，亥卯未，而遇甲乙庚辛
　　　相尅，則天不覆。故不論全一氣
　　　與三物者，皆要天覆地載不論有
　　　根無根，皆要循其氣序，干支不
　　　反悖為妙。

陽位： **陽乘陽位陽者昌，最要行程安頓。**

六陽之位，獨子寅為陽方，為陽位之純，五陽居之旺矣，最要行運陰順安頓之地。

陰位： **陰乘陰位陰氣盛，還須道路光亨。**

六陰之位，獨未酉亥為陰方，乃陰位之純，五陰居之旺矣，最要行陽順光亨之運。

天衰： **地生天者，天衰怕衝。**

如戊寅壬申丙寅己酉皆長生日主，如主衰逢沖，則根拔而禍尤甚矣。

地旺： **天合地者，地旺宜靜。**

如丁亥、戊子、甲午、己亥、辛巳、壬午、癸巳之類，皆支中人元，與天干相合者，此乃坐下財官之地，若旺則宜靜不宜動。

相生： 甲申戊寅，是為殺印相生。癸丑
庚寅，亦是殺印兩旺。

兩神者，殺印也，庚見寅中火土，
卻多甲木，又以財論，癸見丑中
土金，卻多癸水，則幫身，不如
甲見申中壬水庚金，戊見寅中甲
木丙火之為真也。

上下： 上下貴乎有情。

天干地支，雖非相生都要有情而
不反悖。

左右： 左右貴乎同志。

上下左右，雖不全一氣三物，卻
須生化不錯。

始終： 始其所始，終其所終，福壽富貴，
永乎無窮。

年月為始，日時不反悖之，日時
為終，年月不妒害之，凡局中所
喜之神，引干時支有所歸著，為
始終得所，則富貴福壽，可以永
乎無窮矣。

[形象論]

兩氣： **兩氣合而成象，象不可破也。**

天干屬木，地支屬火，天干屬火，地支屬木，其象屬一，若見金水則破，餘仿此。

五氣： **五氣聚而成形，形不可害也。**

木必得水而生，火以行之，土以培之，金以成之，是以成形於要緊之地，或過或缺則為害，餘仿此。

獨象： **獨象喜行化地，而化神要昌。**

一者為獨，曲直炎上之類是也，所生者為化神，化神昌旺其喜氣流行，然後行財官之地方可。

全象： **全象喜行財地，而財神要旺。**

三者為全，有傷官而又有財是也，主旺喜財旺，而不行官煞之地方可。

損補： 形全者宜損其有餘，形缺者宜補
其不足。

如甲木生於寅卯辰月，丙火生於
巳午未月，皆為形全。
戊土生於寅卯辰月，庚金生於巳
午未月，皆為形缺，餘仿此。

[方局論]

莫混： 方是方兮局是局，方要得方莫混
局。

寅卯辰，東方也，搭一支亥卯未，
則為太過，豈不為混局哉。

混局： 局混方兮有純疵，行運喜南還喜
北。

亥卯未木局，混一寅卯辰則木強，
運行南北雖有純疵俱利。

齊來： 若然方局一齊來，須是干頭無反
覆。

木局木方全者，須天干全順，得
序行運不悖尤妙。

生庫： **成方干透一元神，生地庫地皆非福。**

如寅卯辰全者日主甲乙木，則透元神而又遇亥之生，未之庫，決不發福，惟有純一火運略好。

透官： **成局干透一官星，左邊右邊空碌碌。**

甲乙日，遇亥卯未全者，庚辛乃木之官也，又見左辰右寅，則名利無成，詳例自見甲乙日單遇庚辛，亦無成矣。

[格局論]

八格： 財官印綬分偏正，兼論食神八格
定。

自形象氣局之外而格局之最真者，
月支之神透天干也，以散亂之天
干而尋其得所附於提綱者，非格
也，自八格之外，若曲直五格之
類，亦皆為格，而方局氣象定之
者，又不可言格也，五格之外，
飛天與合祿雖為格，而可以彼理
移論，亦不可以言格也。

雜氣： 影響遙繫既為虛，雜氣財官不可
拘。

飛天合祿之類，即為影響遙繫，
而非格矣，如四季月生人，具當
取土為格，不可言雜氣才官，戊
己日生於四季，當看人元透於天
干者取格，不可以一概雜氣論之，
至於建祿，同支羊刃，亦當看月
令中人元透於天干者取格，若不
合氣象形局則又無格局矣，只取
用神，用神又無所取，只得看其
大勢，以皮面上斷其窮通，不可
執格論也。

官煞： **官煞相混來問我，有可有不可。**

煞即官也，同流同止可混也，官
非殺也，各立門牆不可混也，煞
重矣，官從之，非混也，官輕矣，
煞助之，非混也，敗財比肩雙至
者，煞可使官混也，一煞而遇食
傷者，官助之非混煞也，勢在於
官，官有根而煞之情依乎官矣，
依官之煞，歲助之而混官，不可
也，勢在於煞，煞有根官之勢依
乎煞矣，依煞之官歲助之而混煞，
不可也，藏官露煞，干神助煞，
合官留煞，皆成煞氣，不可使官
混也，藏煞露官，干神助官合煞
留官，皆從官象，不可使煞混也。

傷官： **傷官見官果難辨，可見不可見。**

身弱而傷官旺者，見印而可見官，
身旺而傷官輕者，見財而可見官，
傷官旺而財神輕，有比劫而可見
官，日主旺而傷官輕，無印綬兩
可見官，傷官旺而無財，一遇官
而有禍，傷官旺而身弱，一遇官
而有禍，傷官弱而見印，一見官
而有禍，大約傷官有財，皆可見
官，傷官無財，皆不可見官，又
要看身強身弱，合財官印綬比肩
不同方，可不必分金木水火土也，
又曰傷官用印無財，不宜見財，
傷官用官無印，不宜見印，須仔
細詳之。

[從化論]
從象： **從得真者只論從，從神又有吉和
凶。**

日主孤弱無氣，天地人元絕無一
毫生扶之力，才官強甚，乃為真
從也，當論所從之神，如從才即
以才為主，才神是木又要看意向，
或要火要土要金而行運得所者必
吉，否則凶，餘皆仿此。

化象： 化得真者只論化，化神還有幾般
話。

如甲日主，生於四季，單透一位
己土在月時上合之，不遇壬癸甲
乙戊己，而有辰字乃為化得真，
又如丙辛生於冬月，戊癸生於夏
月，乙庚生於秋月，丁壬生於春
月，獨自相合，又得龍以運之，
此皆真化矣，又論化神，如甲己
土，土陰寒，要火土昌旺，土太
旺，要用水為財，木為官，金為
食傷，隨其所向，論其喜忌，再
見甲乙，亦不可以爭合妒合論，
蓋化真矣，如烈女不更二夫，歲
運遇之，皆閑神也。

假象： 真從之家有幾人，假從亦可發其
身。

日主弱矣，才官強矣，不能不從，
中有所助，及暗生者，從之不真，
至於行運才官得地，雖是假從，
亦可助富貴，但其人不能免禍，
或者心地不端耳。

假化： 假化之人亦多貴，異姓孤兒能出類。

日主孤弱，而遇合神真，不能不化，但暗扶日主，合神又虛弱，又無龍以運之，不為真化，至游歲運扶起合神，制伏助神，雖為假化，亦可取用，雖是異姓孤兒，亦可出類拔萃，但其人多執滯偏拗，作事屯覃，骨肉欠遂。

[歲運論]

歲運： 休咎係乎運，亦係乎歲，戰沖視其孰降，和好視其孰切。

日主譬如吾身，局中之神，譬之舟馬引從之人物也，大運譬之所蒞之地，故重地支未嘗無天干，太歲譬之所遇之人，故重天干未嘗無地支，必先明其日主，而後配合七字，推其輕重，看喜行何運，忌行何運，如甲日，以氣機看春，以人心看仁，以物理看木，大約看氣機而物在其中，遇庚辛申酉字，即看春而行之於秋，斷伐其生生之機，又看喜與不喜，

而運行生甲伐甲之地，可斷其休咎矣，太歲主休咎，即顯於是，更詳論歲運戰沖和好之勢，而得勝負適從之機，則休咎了然在目矣。

戰： **何謂戰？**

如丙運庚年，謂之運伐歲（剋），日主喜庚，要丙降，得戊壬（洩剋）者吉（以剋洩忌神之物為吉）。如日主喜丙，而歲運不肯降，得戊己，以和為妙（太歲為專神，故以和解為上）。如庚坐寅年，丙之力大，則歲亦不得不降（勢大則太歲無權），降之可保無禍。如庚運丙年，謂之歲伐（剋）運，日主喜庚，得戊己以和為吉（通關）。如日主喜丙，則運不降歲，又不可用戊己洩丙助庚（運管十年，與命較親）。若庚坐寅午，丙之力量大，運自不得不降，亦保無患則吉矣。

衝： **何為衝？**

如子運午年，謂之運衝歲，日主喜子，則要助子，又得年干，乃制午之神更妙，或午之黨多，干頭遇丙戊甲者必凶。如午運子年，謂之歲沖運，日主喜午，而子壬之黨多，干頭又助子，必凶。日主喜子而沖午，午之黨多，干頭助子者必吉，若午重子輕，則歲不降，亦無咎也。日干喜子，而午之黨少，干頭亦不助午，必吉。若午重子輕，則歲不降，亦無咎（其勢已成，歲力不能為禍）。

和： **何謂和？**

如乙運庚年，庚運乙年，則和（乙庚化金），日主喜金則吉，喜木則不吉。如子運丑年，丑運子年則和（子丑合化土），日主喜土則吉，喜水則不吉。

好： 何謂好？

如庚運辛年，辛運庚年，申運酉年，酉運申年，則好，日主喜陽，則庚與申為好，喜陰則辛與酉為好，凡此例推。

[體用論]

體用： **道有體用，不可以一端論也，要在扶之益之，得其相宜。**

有以日主為體，提綱為用。日主旺，則提綱之食神財官皆為我用：日主弱，則提綱有物，幫身以制其神者，亦皆為我用。提綱為體，喜神為用者，日主不能用乎提綱矣。提綱食傷財官太旺，則取年月時上印比為喜神；提綱印比太旺，則取年月時上食傷財官為喜神而用之。此二者，乃體用之正法也。有以四柱為體，有以化神為體，四柱為用，化之真者，即以化神為體，以四柱中與化神相生相剋者，取以為用。有以四柱為體，歲運為用，有以喜神為體，輔喜神之神為用，所喜之神，不

能自用以為體用輔喜之神。有以格象為體，日主為用者，須八格氣象，及暗神，化神，忌神，客神，皆成一體段。

若是一面格象，與日主無干者，或傷克日主太過，或幫扶日主太過，中間要尋體用分辨處，又無形跡，只得用日主自去引生喜神，別求一個活路為用矣。有以日主為用，有用過於體者。如用食財，而財官食神盡行隱伏，及太髮露浮泛者，雖美亦過度矣。有用立而體行者，有體立而用行者，正體用之理也。如用神不行於流行之地，且又行助體之運財不妙。有體用各立者，體用皆旺，不分勝負，行運又無輕重上下，則各立。有體用俱滯者，如木火俱旺，不遇金土則俱滯，不可一端定也。然體用之用，與用神之用有分別，若以體用之用為用神固不可，舍此以別求用神又不可，只要斟酌體用真了。於此取緊要為用神，而二三四五處用神者，的非妙造，須抑揚其重輕，毋使有餘不足。

[精神論]

精神： 人有精神，不可以一偏求，要在
損之益之得其中。

精氣神氣皆元氣也，大率五行以
金水為精氣，木火為神氣，而土
所以實之也，有神足不見其精而
精自足者，有精足不見其神而神
自足者，有精缺神索而日主又孤
弱者，有神不足而精有餘者，有
精神俱缺而氣旺者，有精神俱旺
而氣衰者，有精缺而神助之者，
有神缺而得精以生之者，有精助
精而精反洩無氣者，有神助神而
神反斃無氣者，二者皆由氣以主
之也，凡此皆不可偏求也，俱要
損益其進退，不可使有過不足也。

[衰旺論]

衰旺： **能知衰旺之真機，其於三命之奧，思過半矣。**

旺則宜洩宜傷，衰則喜幫喜助，子平之理也，然旺中有衰者，存不可損也，衰中有旺者，存不可益也，旺之極者不可損，以損在其中矣，衰之極者不可益，以益在其中矣，至於實所當損者而損之反凶，弱所當益者而益之反害，如此真機皆能知之，又何難於詳察三命之微奧焉。

[中和論]

中和： **既識中和之正理，而於五行之妙，有能全焉。**

中而且和，子平要法也，有病方為貴，無傷不是奇，舉傷而言之也，至格中如去病才祿兩相宜，則又中和矣，到底要中和為至貴，若當令氣數，或身弱才宮旺而取富貴者，不必中和也，用神強而取富貴者，不必中和也，偏氣古怪而取富貴者，不必中和也，何

則以天下之才官止有此數者，而天下人才為最多者，尚於邪巧也。

[剛柔論]

剛柔： **剛柔不一也，不可制者，引其性情而已矣。**

剛柔相濟，不必言也，太剛者，濟之以柔，而不得其情，則反助其剛矣，譬之武士而得士卒，則成殺伐，如庚金生於七月，遇丁火而激其威，遇乙木而助其暴，遇己土而成其志，遇癸水而益其銳，不如以柔之剛濟之可也，壬水是也，壬水有正性，而能引通庚金之情故也，若以剛之剛者激之，其禍曷勝言哉，太柔者濟之以剛而不馭其情，則反益其柔也，譬之弱婦而遇恩威則成淫賤，如乙木生於八月，遇甲丙壬而喜則輸情，遇戊庚盛而畏則失身，不如以剛之柔者濟之可也，丁火是也，蓋丁火有正情，則能引動乙木之情故也，若以柔之柔者合濟之，其弊又當何如哉，餘皆例推。

[順逆論]

順逆： 順逆不齊也，不可逆者，順其氣勢而已矣。

剛柔之道，可順而不可逆也，崑崙之水可順而不可逆也，其勢已成，可順而不可逆也，權在一人可順而不可逆也，二人同心可順而不可逆也。

[寒暖論]

寒暖： 天道有寒暖，發育萬物，人道得之不可過也。

陰支為寒，陽支為煖，西北為寒，東南為煖，金水為寒，木火為煖，得氣之寒遇煖而發，得氣之煖逢寒則成，寒之甚，煖之至，內非一二成象，必無好處，若五陽逢子月，則一陽後萬物懷胎，陽乘陽位，可東可西，五陰逢五月，則一陰後萬物收藏，陰乘陰位，可南可北。

濕燥： 地道有濕燥，生成品彙，人道得
之不可偏也。

過於濕者，滯而無成，過於燥者，
烈而有禍，水有金生遇寒土而愈
濕，火有木生遇暖土而愈燥，皆
偏也，如水火成其燥者吉，木火
傷官要濕也，土水而成其濕者吉，
金水傷官要燥也，間有土水宜燥
者，用土而後用火，金脆宜濕者，
用金而後用水。

[月令論]

月令： 月令提綱之府，譬之宅也，人元
用事之神，宅之定向也，不可以
不卜。

令星乃三命之至要，氣象得令者
吉，喜神得令者吉，令其可忽乎，
月令如人之家宅支中之三元，乃
定宅中之向道，又不可以不卜，
如寅月生人，立春後七日戊土用
事，八日後十四日前者，丙火用
事，十五日後，甲木用事，知此
可以取用，亦可以取格矣。

[生時論]

生時： **生時歸宿之地，譬之基也，人元用事之神，墓之穴方也，不可以不辨。**

子時生人，前三刻三分壬水用事，後三刻七分癸水用事，其寅月生人，戊土用事何如，丙火用事何如，甲本用事何如，局中所用之神與壬水用事者何如，窮其淺深如墓墳之定方道，斯可以斷人之禍福矣，至於同年月日時，而人各不同其應者，當究其時之先後，又論山川之異，世德知殊，十有九驗，其有不然者，不過此則有官，彼則子多，此則財多，彼則妻美，乃小異耳，夫山川之異，不惟東西南北迴乎不同者宜辨之，即一邑之家，而風聲氣習不能一律也，世德之殊不惟富貴貧賤絕乎不侔者宜辨之，即同門共戶而善惡邪正不能盡齊也，學者可以知其興替矣。

[源流論]

源流：　何處起根源，流到何方住，機括
　　　　此中求，知來亦知去。

　　　　不必論當令不當令，具論取最多
　　　　最旺者，而可以為歸局之宗祖者，
　　　　即為源頭也，看此源頭流到何方，
　　　　流去之處，是所喜之神，即在此
　　　　住了，乃為歸路。如：辛酉、癸
　　　　巳、戊申、丁巳，以火為源頭，
　　　　至金水之方，即流住了，所以富
　　　　貴為最，若再流至木地，則氣洩
　　　　為亂，如未曾流至去方，中間即
　　　　為阻節，看其阻住之神何神，以
　　　　斷其休咎，流住之地何地，以知
　　　　其地位。如：癸丑、壬戌、癸丑、
　　　　壬子，以土為源頭止水方只生得
　　　　一介身子，而戌中火土之氣，得
　　　　從而引氣，所以為僧也。

[通關論]

通關： 兩意本相通，中間有關隔，此關
若通也，到處歡相得。

陰陽之氣，欲相合相生也，木土
而得火，火金而得土，土水而得
金，金木而得水，皆是牛郎織女
之有情也，若中間上下懸隔，為
物所間，前後遠絕，或被刑沖，
或被劫佔，或隔一物，皆為關也，
如得引用會合之神，及刑沖所間
之物，前後上下援引得來，能勝
劫佔之神，能補所缺之物，則明
見暗合，歲運相逢，乃為通關也，
關通而願遂矣，豈不歡相得哉？

[清濁論]

清氣： 一清到底有精神，管取生平富貴
真，澄濁求清清得去，時來寒谷
也回春。

清者，非從一氣成局之謂也，如
正官之格，身旺有財，身弱有印，
並無傷官七煞混之，縱有比肩食
神印綬才煞雜之，皆循序得所有
安頓，或作閑神不來破局，乃為
清奇，又要有精神不枯弱者佳，
濁者非五行並出之謂也，如正官
之格，身弱混以煞以財以食神，
不能傷我之官反與官星不和，印
綬雜之，不能扶我之身，反與才
星相伐，俱為濁，或得一神有力，
或行運得所，以掃其濁氣，沖其
濁氣，皆為澄濁以求清，作富貴
之命看矣。

濁氣： 滿盤濁氣令人苦，一局清枯也苦人，半濁半清猶是可，多成多敗度晨昏。

四柱中尋他清處不出，行運又不能去其濁氣，必是貧賤命，若清又要有精神方為妙，如枯弱無氣，行運又不能生旺地，亦清苦之人，濁氣又難去，清氣又不真，行運又不遇清氣，又不脫濁氣者，雖然成敗不一，不過悠忽了此生耳。

[真假論]

真假： 令上尋真聚得真，假神休要亂真神，真神得用平生貴，用假終為碌碌人。

如木火透者，生寅月聚得真，不要金水亂之，真神得用不為忌神所害，則貴，如參以金水猖狂，而用金水，是金水又不得令，徒與木火不和，乃為碌碌人矣。

參差：　真假參差難辨論，不明不暗受膻屯，提綱不與真神照，暗處尋真也有真。

真神得令，假神得局而黨多，假神得令，真神得局而黨多，不見真假之跡，或真假皆得令得助，不能辨其勝負，而參差者，其人雖無大禍，一生屯否而少安樂，寅月生人，不透木火而透金為用神，是為提綱不照也，得己丑暗邀戊己轉生卯沖酉，乙庚暗化，氣轉西方，亦為有真，亦或發福，已上特舉真假一端言耳，其會局合神從化，用神衰旺，情勢象格，心跡才德邪正，緩急生死進退之例，莫不有其真假，宜詳辨之。

[隱顯論]

隱顯：　吉神太露，起爭奪之風，凶物深藏，成養虎之患。

局中所喜之神透於天干者，歲運不遇忌神，不至爭奪，所以暗用吉神為妙，局中所忌之神伏藏於地支者，歲連扶之沖之則為患不小，所以忌神須制化得所者為吉。

[眾寡論]

眾寡： 抑強扶弱者常理，用強捨弱者元機。

強寡而敵眾者，喜強而助強者吉，
強眾而敵寡者，惡敵而敵眾者滯。

[奮鬱論]

奮鬱： 局中顯奮鬱之機者，神舒意暢，
象內多沈埋之氣者，心鬱志灰。

陽明用事： 用神得力，天地交泰，神顯精通，必多奮發。

陰晦用事： 情多戀私，主弱臣強，神藏精洩，必多困鬱。

[恩怨論]

恩怨： 兩意情通中有媒，雖然遙立意追陪，有情卻被人離間，怨起恩中死不灰。

喜神合神，兩情相通，又有人引用生化，如有媒矣，雖是隔遠分立，其情自相和好，故有恩而無怨，若合神喜神雖有情，而忌神離間求合不得，則終身為怨，至於可憎之神，遠之為妙，可愛之神，近之尤切，邂逅相逢，不勝其樂。

[閑神論]

閑神： 閑神一二未為疵，不去何妨莫動他，半局閑神任閑著，要緊之地立根基。

喜神不必多也，一喜而十備矣，忌神不必多也，一忌而十害矣，自喜忌之外，不必以為喜，不足以為忌，皆閑神也，如以天干為用，成氣成合，而地支之神，虛脫元氣，沖合自適，升降無情，如以地支為用，成局成合，而天

干之神，游散浮泛，不礙日主，
主陽輔陽，而陰氣停泊，不沖不
動，不合不助，主陰輔陰，而陽
氣停泊，不沖不動，不合不助，
日月有情，年時不顧，日時間斷，
年月不顧，不害不沖，無情無合，
雖有閑神只不去動他，但要緊之
地，須自結營寨，至於運道，即
行自家邊界，尤為要也。

[絆神論]

絆神：　**出行要向天涯遊，何事裙釵恣意
留；不管白雲與明月，任君策馬
朝天闕。**

本欲奮發有為者也，而日主有合，
不顧用神，用神有合不顧日主，
不欲貴而遇貴，不欲祿而遇祿，
不欲合而遇合，不欲生而遇生，
皆有情而反無情，如裙釵之留，
不能去也。
日主乘用神而馳驟，無私意牽制
也，用神隨日主而馳驟，無私情
羈絆也，足以成其大志，是無情
而反有情也。

[順反論]

順局： 一出門來要見兒，吾兒成氣搆門閭，從兒不論身強弱，只要吾兒又遇兒。

此與從象成象傷官不同，只取我生者為兒，如木遇火成氣象，不論日主強弱，而又看火能生土氣，又成生育之勢，此為一氣流通、必然富貴矣。

反局： **君賴臣生理最微，兒能生母洩天機，母慈滅子關頭異，夫健何為又怕妻。**

木君也土臣也，木浮水泛，土止水，則生木；木旺火熾，金伐木，則生火；火旺土焦，水剋火，則生土；土重金埋，木剋土，則生金；金旺水濁，火剋金，則生水，皆君賴臣也。

木為母，火為子，木被金傷，火剋金則生木；火遭水剋，土剋水則生火；土遇木傷，金剋木則生土；金逢火煉，水剋火則生金；

水因土塞，木剋土則生水，皆兒能生母。

木母也，火子也，木旺謂之慈母，反使火熾而焚滅子火，土金水亦如之。水泛木浮，土止水則生木；木旺火晦，金伐木則生火；火炎土焦，水剋火則生土；土重埋金，木剋土則生金；金旺水濁，火剋金則生水。

木夫也土妻也，木雖旺，土生金而剋木，是謂夫健而怕妻；火土金水亦如之。其有水逢烈火而生土、火逢寒金而生水。

如水生金者，潤地之燥；火生木者，解木之凍；火焚木而水竭；土滲水而木枯，皆為反局，學者細推詳其元妙。

[震兌論]

震兌：　震兌主仁義之真機，勢不兩立，而有相成者存。

震在內兌在外，月卯日亥或未，年丑或巳，時酉是也，主之所喜者在震，以兌為敵國用火攻，主之所喜者在兌，以震為奸宄，備

禦之而巳，不必盡去，兌在內震
在外，月酉日丑或巳，年未或亥，
時卯者是也，主之所喜者在兌，
以震為游兵，易於滅而不可黨震
也，主之所喜者在震，以兌為內
寇，難於滅而不可助兌也，以水
為說客相間之於上下，或酉年巳
月卯日丑時，亥年申月庚日申時
之類，亦論主之所喜所忌者何如，
而論攻備之法，然金忌木，木帶
火，木不傷土者，不必去木也，
若木忌金而金強者，不可戰，惟
秋金而木茂，木終不能為金之害，
反以成金之仁，春木而金盛，金
實足以制木之性，反以全木之義，
其月提是木年日時皆金者，不必
問主之所喜所忌，而亦宜順金之
性，凡月提是金，年月時皆是木，
不必問主之所喜所忌，而亦宜成
金之性。

[坎離論]

坎離： 坎離宰天地之中氣，成不獨成，而有相成者在。

天干透壬癸，地支屬離，為既濟，要天氣下降，天干透丙丁，地支屬坎為未濟，要地氣上升，天干皆水，地支皆火為交姤，交姤身強則富貴，天干皆火地支皆水為交戰，交戰身弱豈能富貴，坎外離內謂之未濟，主之所喜者在離，要水，離內坎外謂之既濟，主之所喜者在坎，要火，水火相間於天干，以火為主而水盛者存，坎離相間於地支，喜坎而坎旺者昌，夫子午卯酉專氣也，其相制相持之勢，宜悉辨之，若四生四庫之神，皆所以黨助乎子午卯酉者，其理方可詳推矣。

[君臣論]

君象：　君不可亢也，貴乎損上以益下。

　　　　日主為君，才神為臣，如甲乙滿盤是木，內有一二土氣，是君盛臣衰，其勢要多，方能助臣，火生之，土實之，金衛之，庶幾上全而下安。

臣象：　臣不可過也，貴乎損下而益上。

　　　　日主為臣，官星為君，如甲乙滿盤是木，內有一二金氣，是臣盛君衰，其勢要多方能助金，用帶土之火以洩木氣，用帶水之土以生金，庶君安臣全，若木火又盛，無奈何常存君之子，少用水氣一路行火運，方得發福。

[母子論]

母象： 知慈母恤孤之道，始有瓜瓞無疆
之慶。

日主為母，日主所生者為子，如
甲乙日主，滿盤是木，內有一二
火氣，是母旺子孤，其勢要多方
生子孫，有瓜瓞綿綿之慶矣。

子象： 知孝子奉親之方，始成克諧大順
之風。

日主為子，生日主者為母，如甲
乙日，滿盤是木，中有一二水氣，
為子眾母衰，其勢要多方能安母，
用金以生水，土以生金，則生成
子母之情為大順矣，設或無金，
則水之神依乎木，而行木火盛地
亦可。

[才德論]

才德： **德勝才者，局全君子之風，才勝德者，用顯多能之象。**

清利平順，主輔得宜，所合者皆正人，所用者皆正氣，不必節外生枝，不必弄假成真，才官喜神皆足以了其平生不生貪戀之私，度量寬宏，施為必正，皆君子之風也，財薄而力量足以貪之，官卑而志雄，必欺求之，混濁破害，主弱輔強，爭合邪神，三四用神，皆心事奸貪，作事僥倖，為多能之象，大約陽在內，陰在外，不敬不沖者為德勝才，如丙寅戊辰月日丁卯癸卯年時，皆是，若陽外陰內，則畏勢趨利此為才勝德矣。

[性情論]

性情： 五行不戾，惟正清和，濁亂偏枯，
性情乖逆。

五氣在天，則為元亨利貞，誠在
人則為仁義禮智信之性，惻隱羞
惡辭讓是非誠實之情，五氣不乖
張者，則其存之而為性，發之而
為情，莫不清和矣，反此者乖戾。

性燥： 火烈而性燥者，遇金水之激。

火烈而能順其性必明，順性矣，
惟有金水激之，其燥急不可禦矣。

性柔： 水奔而性柔者，全金木之神。

水盛而奔，其性至剛至急，惟有
金以行之，木以納之，則自柔順
矣。

軟怯： 木奔南而軟怯。

木之性見火為慈，奔南則仁之性
行於禮，其性軟怯，得其中者為
惻隱辭讓，偏者為姑恤而繁縟矣。

流通： **金見水則流通。**

金之性最方，正有斷制執毅，見
水則義之性行於智，智則元神不
滯，故流通，得氣之正者，是非
不苟，有斟酌，有變化，得氣之
偏者，必心泛濫為流蕩之人矣。

最拗： **最拗者西水還南。**

西方之水發源最長，氣勢最旺，
無土以制之，木以納之，浩蕩不
順，反行南方則逆，豈非強拗而
難制乎。

至剛： **至剛者東火轉北。**

東方之火，其焰炎上，局中無土
以收之，水以制之，其焚烈之勢
而不能順，反行北方，則逆其性
而愈剛暴矣。

抗勇： **順生之機，遇擊神而抗。**

如木生火，火生土，一路順其情性次序，自相和平，遇擊而不得遂其順生之性，則抗而勇猛。

狂猛： **逆生之序，見閑神而狂。**

木生亥，見戌酉申則氣逆，非性之所安，一遇閑神，若巳酉丑逆之，則必發狂而猛。

鬱煩： **陽明遇金，鬱而煩多。**

寅午戌為陽明，而金氣伏於內，則成其鬱氣，必多煩悶者矣。

濕滯： **陰濁藏火，包而多滯。**

酉丑亥為陰濁，有火氣藏內，則不發輝，而多濕滯。

格局： 陽刃局，戰則逞威，弱則怕事；
傷官格，清則謙和，濁則剛猛。
用神多者，情性不常；支格濁者，
虎頭鼠尾。

凡此皆性情之異，善惡之殊，不
專以日主論，蓋凡局中莫不有性
情，觀其性情，可知施為，觀其
施為，可知吉凶，如木之性主慈，
觀其日主何神，又詳木之衰旺，
與所遇者何神，成何氣象，若木
是官星而奔南，遇擊遇閑神，即
斷其官之好歹，子之善惡，莫不
了然。

[疾病論]
和： 五行和者，一世無災。

五行和者，不特全而不缺，生而
不剋，只是全者宜全，缺者宜缺，
生者宜生，剋者宜剋，則和矣，
一世無咎。

亂：　　　**血氣亂者，平生多病。**

　　　　　血氣亂者，不特火勝水，水剋火之類，五氣反逆，上下不通，往來不順，謂之亂，故主多病。

病凶：　　**忌神入五臟而病凶。**

　　　　　柱中所忌之神，不制不化，不沖不散，隱伏深固，相剋五臟，則其病凶，忌木而入土則脾病，忌火而入金則肺病，忌土而入水則腎病，忌金而入木則肝病，忌水而入火則心病，又看虛實，如木入土，土旺者則脾有餘之病，發於四季月，土衰者則脾有不足之病，發於春冬月，餘皆倣此。

災小：　　**客神遊六經者災小。**

　　　　　客神比忌神為輕，不能埋沒，遊行六道，則必有災，如木遊土地，胃災，火遊金地，大腸災，土遊水地，膀胱災，金行木地，膽災，水行火地，小腸災。

血氣： 木不受水者血病，土不受火者氣傷。

水東流而木逢沖，或虛脫皆不受水也，必主血疾，蓋肝屬木而納血，不納則病，土逢沖而虛脫則不受火，必主氣病，蓋脾屬土而客氣不容則病矣。

金水傷官，寒則冷嗽，熱則痰嗽，火土印綬，熱則風痰，燥則皮癢，論痰多木火，生毒鬱火金，金水枯傷而腎經虛，水土相勝而脾胃洩。

凡此皆五行不和之病，詳其衰旺可斷其人吉凶，如屬木之病，又看木是日主何神，若木是才，而能發土病，則亦可斷其才之衰旺，妻之美惡，父之興衰，然不必顯驗，有病則應，設六親與事體又不相符者，殆以病而免其咎也。

[六親論]

夫妻：　夫妻姻緣宿世來，喜神有意傍天財。

妻與子一也，局中有喜神，一生富貴在於是，妻子在於是，大率依財看妻，如喜神即是財神，其妻美而且富貴，喜神與財神不相妒忌亦好，否則剋妻，亦或不美，或欠和，然看才神又有活法，如才神薄須用助才，才旺身弱又喜比劫，才神傷印者，要官星，才薄官多者要傷官，才氣未行，要沖者沖，洩者洩，才氣流通要合者合，庫者庫，若才神洩氣太重，比劫太露，及身旺無才者，必非夫婦全美也，至於才旺身強，必富貴而多妻妾，用者當審辨其輕重如何。

子女： 子女根枝一世傳，喜神看與煞神聯。

大約依官看子，如喜神即是官星，其子賢俊，喜神與官星不相妨亦好，否則無子，或不肖，或有剋，然看官星，又須活法，如官輕要助官，煞重身輕，又須印比，無官只論才，若官星阻滯，要生扶沖發官星，洩氣大重，須合逢助，若煞重身輕而無子者，多女。

父母： 父母或興與或替，歲月所關果非細。

子平之法，以才為父，以印為母，而斷其吉凶，十有九驗，然看歲月為緊，歲氣有益於月令者，及歲月不傷夫喜神者，父母必昌，歲月才氣斲喪於時支者，先剋父，歲月印綬斲喪於時支者先剋母，又須活看局中之大勢，不可專論才印者，中間隱隱露露，其興亡之機，不必在才印，看生才生印，與才生印生之神而損益舒配，並及陰陽多寡之論，無不驗矣。

兄弟： 兄弟誰廢與誰興，提綱喜神問重
輕。

敗才比肩羊刃皆兄弟也，要在提
綱之神，與才神喜神較其輕重，
才官弱，三者顯其攘奪之跡，兄
弟亦強，才官旺，三者出而助主
之功，兄弟必美，身與才官兩平，
三者伏而不凶，兄弟必貴，此肩
重而傷官才煞亦旺者，兄弟必富，
身旺而三者不顯，有印，兄弟必
多，身旺而三者又顯，無官，兄
弟必衰。

[女命論]

女命： 論夫論子要安詳，氣靜和平婦道
彰，二德三奇虛好話，咸池驛馬
漫推詳。

局中官星明順，夫貴而吉，理自
然矣，若官星太旺，以傷官為夫，
官星太微，以才為夫，比肩旺而
無官，以傷官為夫，傷官旺而無
才官，以印為夫，滿局官星欺日
主者，喜印綬而官不剋主也，滿
局印星傷洩官星之氣者，喜才星

而身不剋夫也，大率與男命論貴
論子之理相似，局中清顯，子貴
而親不必言也，其傷官旺以印為
子，傷官無氣以此肩為子也，印
綬旺無傷官者以才為子也，才官
旺而洩食傷氣者，以此肩為子也，
不必專執官星論夫，專執食傷論
子，但以安詳順靜為貴，二德三
奇不必論，咸池驛馬雖有驗，總
之於理不長，其中究論，不可不
詳。

[小兒論]

小兒： 論才論殺論精神，四柱平和易養
成，**氣勢攸長無斬喪，關星雖有
不傷身。**

才庫不黨，才生煞主旺，精神貫
足，干支安頓和平，又要看氣勢，
如在日主雄旺，氣勢在於才官，
而才官不劫日主，氣勢在東南，
而五七歲之前不行西北，氣勢在
西北，而五七歲之前不行東南，
行運不逢斬喪，此為氣勢攸長，
雖有關煞不傷身。

[出身論]

科第：　**巍巍科第邁等倫，一個元機暗裏存。**

　　　　狀元格局，清奇迴異，若隱若露，奇而難決者，必有元機，須搜尋之，不可輕忽。

黃榜：　**清得盡時黃榜客，雖得濁氣亦中式。**

　　　　天下之命，未有不清而發科甲者，清得盡者，必非一二成象，雖五行盡出，而能於所生者化得有情，不混閑神忌客，決發科甲，即有一二濁氣，而清氣或成一個體段，亦可發達。

秀才：　**秀才不是塵凡子，清氣不嫌官不露。**

　　　　秀才之命，與異路人，富人，貧人，無甚異別，然終有一種清氣處，但官星不起，故無爵祿。

異路
功名：　異路功名莫説輕，日干得氣遇
才星。

刀筆得成者，與不成者，自異，
必是才星得個門戶，通得官星，
有一種清旺之氣，所以出得身，
其老於刀筆而不能出身者，終是
才星與官不顯對也。

[地位論]

功勳：　**臺閣功勳百世傳，天然清氣顯機
權。**

欲知人之出身，至地位之大小，
亦不易推，蓋為公為卿，必清中
又有一種權勢出人矣，不專在一
端而論。

兵權：　**兵權憲府並蘭臺，刃煞神清氣勢
恢。**

掌生殺之權，其風紀氣勢必起，
清中精神必異，又或刃煞兩顯也。

財官： **分藩司牧財官和，格局清純神氣多。**

方面官，才官為重，必清奇純粹，格正局全，又有一段精神。

首領： **便是諸司並首領，也從清濁分形影。**

至貴者，得一以清，而位乎上，故膺一命之榮，莫不得清氣，所以雜職佐貳首領等官，豈無一段清氣，而與濁氣者自別，然清濁之形影最難辨，不專是才官印綬內有清濁，凡格局，氣象，用神，合神，日主化氣，從氣，精神，氣神，以及收藏，發生，意向，節度，情性，理勢，源流，主從之間，皆有之，先於皮面影上尋其形，得其形而遂可以尋其精髓，乃驗大小尊卑。

[貴賤貧富吉凶壽夭論]

富命： 何知其人富，財氣通門戶。

才旺身旺官星衛才，忌印而才能壞印，喜印而才能生官，傷官重而才神重，才神重而傷官有根，無才而暗成財局，才露而傷官亦露者，此皆才氣通門戶，所以富也，夫論才與論妻之法可相通也，然有妻賢而才薄者，亦有才富而妻傷者，看刑沖會合，但才神清而身旺者妻美，才濁而身旺者家富。

貴命： 何知其人貴，官星有理會。

官旺身旺而印衛官，忌劫而官能制劫，喜印而官能生印，才星旺而官星通達，官星旺而才神有氣，無官而暗生官局，官星藏而才神亦藏者，此皆官星有理會，所以貴也，論官與論子之法可相通也，然有子多而無官者，有顯身而無子者，亦看刑沖會合，但官星清而身旺者必主多子，至於得象得氣得局得格者，妻子富貴俱全。

貧命：　**何知其人貧，才神反不真。**

才神不真者，不但洩氣被劫也，
傷輕才重，才輕官重，傷重印輕，
才重劫輕，皆為才神不真也，若
中有一位清氣，則不賤矣。

賤命：　**何知其人賤，官星還不見。**

官星不見，不但失令被傷，財輕
官重，官輕印重，才重無官，官
重無印，皆是官星不見，若中有
一位濁氣，不貧亦賤，至於用神
無力，忌神太過，敵不受降，助
旺欺弱，主從失宜，及歲運不輔
者，既貧且賤。

吉命：　**何知其人吉，喜神為輔弼。**

柱中所喜之神，左右始終皆得其
力者必吉，然大勢平順內體堅厚，
主從得宜，縱有一二忌神來攻擊
日主，亦不為凶，譬之國內安和，
不愁外寇。

凶命： 何知其人凶，忌神展轉攻。

才神與用神無力，不過無所發達而已，不帶刑凶，至於忌神大多，或刑或沖，歲運助之，相為攻擊，局內無備禦之神，又無主從，必主刑傷破敗，且犯罪受難，到老不吉。

壽命： 何知其人壽，性定元氣厚。

靜者壽，柱中無沖無合，無缺無貪，則定性矣，元氣厚者，不特精氣神氣全，而官星不絕，才神不滅，傷官有氣，身弱印輕，提綱輔主，用神有力，時上生根，運無絕地，皆是元神厚處，細究之大率，甲乙寅卯之氣不遇沖戰洩氣，偏旺浮泛，而安頓得所者，必壽，木屬仁，仁者壽，每每有驗，故敢施之於筆，若貧賤之人而亦有壽，以其得氣僅一個身旺，或身弱而運行生地，小小與他衣食不缺可矣。

夭命： 何知其人夭，**氣濁神枯了。**

氣濁神枯之命極易看，印綬太旺，日主無看落，才煞太旺，日主無依倚，喜神與忌神雜戰，四柱與行運反沖，絕而不和，靜而不專，濕而不滯，燥而不鬱，精流氣洩，皆壽夭之人。

[貞元論]

貞元： **造化生生不息機，貞元往復運誰知，有人識得其中數，貞下開元是處宜。**

造化起於元，亦止於貞，再肇貞元之會，胚胎嗣續之機。

貞元，如以八字看以年為元，月為亨，日為利，時為貞，年`月吉者前半世吉，日時吉者後半世吉。以大運看，以初十五年為元，次十五年為亨，中十五年為利，後十五年為貞，元亨運吉，前半世吉，利貞運吉，後半世吉，皆貞元之道。然有貞元之好存焉，非特絕處逢生，北盡東來之意也。至於人之壽終矣，而既終之後，

運之所行，果所喜者歟，則其家
必興，果所忌者歟，則其家必替，
蓋考為貞，子為元也，此貞下起
元之妙，生生不息之機。予著此
論，非欲人知老之年，而示天下
以萬世之孝，實時以驗奕世之兆，
益知數之不可逃也，學者勉之。

2. 八字面相學

從三停看八字十神

「十神論」是一個準確性相當高的「八字」理論，而「三停論」於「相學」亦舉足輕重，融合貫通這兩大理論，是命理學的一大突破，若徹底明瞭，能涵攝萬千命相。

第一節　十神性格總結

比肩是與日主陰陽五行性質相同之天干：

- **比肩強旺且為用**：心性穩重、自尊和善、喜與同年朋友共同做事。
- **比肩過強旺為忌**：剛愎自用、自以為是、爭強好鬥、孤僻不合羣、性格不穩定。多勞少獲、求財心切、熱愛投機。

劫財（羊刃）是同日主之五行，與日主陰陽性質相反之天干：

- **劫財強旺且為用**：客氣、熱誠坦直、精明幹練、個性剛強、執着和堅持。
- **劫財過強旺為忌**：外表和藹、內心無情、強悍自大、喜歡動暴力和破壞、不善理財、喜投機。

正印是生日主之五行，與日主陰陽性質相反之天干：

- **正印強旺且為用**：有涵養、好學、心地善良、文靜祥和、重權重責、所以勞心勞力、是個有信用之人。
- **正印過強旺為忌**：懶惰、依賴性重、利己心強，故庸碌小成。

偏印（梟神）是生日主之五行，與日主陰陽性質相同之天干：

- **偏印強旺且為用**：重視精神生活、好術、悟性高、感受力強、創造力強、做事能幹、注重效率。
- **偏印過強旺為忌**：孤僻內向、思想行為怪異、表達力弱、做事愛理不理、有始無終、多疑。

偏財是與日主陰陽相同，而被日主所尅之天干：

- **偏財強旺且為用**：聰明機伶、敏捷好動、慷慨豪爽、不計小節、處事圓滑、做事帶有以利為主之策略性。
- **偏財過強旺為忌**：性喜冒險、貪情多慾、浮誇浪費、虛榮心重。

正財是與日主陰陽相異，而被日主所尅之天干：

- **正財強旺且為用**：為人誠實儉約、有理財能力、思想保守和講求現實、性喜平安、視平常是福、愛情專一、有圓滿的夫妻關係。

- **正財過強旺為忌**：好逸惡勞、懦弱無能、死板、內心吝嗇但卻難任財、經常性財困、易為情破財。

正官是尅日主之五行，與日主陰陽性質相反之天干：

- **正官強旺且為用**：善於自制自律、溫和謙恭、文靜內向、誠實守法、保守而少錯、懂得明哲保身。
- **正官過強旺為忌**：意志不堅、膽小怕事、寒酸小氣。

七殺(偏官)是尅日主之五行，與日主陰陽性質相同之天干：

- **七殺旺且為用**：俠義好勝、豪邁直言、性急好鬥、剛烈警剔、有權威、權力慾強。
- **七殺過強旺為忌**：多交損友、喜酒色財氣、性偏激叛逆、膽大妄為、急躁、好爭執、好破壞、是個外勇內怯、多疑、自責憂鬱、委靡不振之人。

食神是與日主陰陽相同，而被日主所生之天干：

- **食神旺且為用**：性情溫和中庸、氣度寬宏、才華發露、有口福、身心愉快、長壽之人。
- **食神過強旺為忌**：好發白日夢、自命不凡、迂腐固執、喜鑽牛角尖、故多愁善感。

傷官是與日主陰陽相異，而被日主所生之天干：

- **傷官旺且為用**：多才多藝、創意特強、擅口才、敢於挑戰權威。
- **傷官過強旺為忌**：不守規矩、具叛逆性、多學而不精、心高氣傲、鋒芒過於外露、刻薄殘忍、氣異狹窄。

第二節　三停配八字十神

標準面相的長濶比例為三比二，長與濶分別代表精神和物質兩個境界。長濶比例為三比二代表兩者正處於平衡狀態，面長者代表着重精神生活方面，面濶者則代表較着重物質方面。

傳統「面相學」基於《易經》中天地人的思想，將面部用橫線分為三個基本部份。第一部份為上停，上停為天，起自髮際至眉心。第二部份為中停，中停為人，起自眉心至鼻底，耳朵也在中停管轄之內。第三部份為下停，下停為地，起自鼻底至下額。看面相時，三停之長短高低比例佔着非常重要的地位。

上停為面的開端，主要代表幼年至青年時期的家庭生活，故可以引伸為「八字命理學」的印星。印星代表長輩與父母、知識與智慧、學業與事業、個人的責任感、政府及公共大機構等。

中停是面的中間部位，主要代表青年至中年時期的生活，可引伸為「八字命理學」的日主、比劫星、財星及官星。代表自我、兄弟姊妹及同輩、夫妻及感情事、財富、官貴等。

下停為面的底部，主要代表晚年時期的生活，故可引伸為「八字命理學」的食傷。食傷能表現一個人的飲食享受、思想及口才、欲求、名譽、社交生活、子女、晚輩及下屬、資產等。

上、中、下三停最緊要均稱，一般來説代表一
生平穩，無風無浪，各方面都得到平衡。另
外，還要看三停中某部份最「豐厚有肉，骨起
有勢」。如果上停前額有這種特徵，自然容易
少年得志，早生富貴；若顴鼻上有這種特徵，
自然能夠中年得運，穩坐成功的寶座；若下停
地閣有這特徵，自然晚年行好運。若一個人能
夠三停都「豐厚有肉，骨起有勢」，自當一生富
貴非凡了。

一生的基礎建於上停的額相上，晚年的福報則
反映在下停的下顎中。年壽五十歲後看下停，
直接反影一個人前半生內心的修為。從命理
學來説，寧可天生基礎不足，也要晚年福報良
好。一般年青人很多時下停都不發達，這是因
為流年氣運未走到下停位置，並不一定代表晚
年福薄或艱苦。所謂相隨心轉，只要能做到行
善積福，修心養性，福智雙運，自然會浮現在
形、氣、色上，自然會肉由骨生，骨由形變，
出現圓滿線條，臉形變得圓潤，下顎飽滿，晚
年能安居樂業。

第三節　上停配印星

「面相學」的上停，從醫學的角度來看，正是包裹着腦袋的地方。沒有腦袋，何來學習？何來智慧？所以上停與「八字命理學」的印星，作用一樣。印星代表長輩與父母、知識與智慧、學業與事業、個人的責任感、政府及公共大機構等。

大家要留意：即使前額好，後額卻扁平的，表示腦組織發育不均勻，這樣思想上必欠周詳，所以這類的上停相也屬於不夠完善。

印星代表知識與智慧。

由於面長者代表著重精神方面的生活，神性思維較發達，屬較感性的人，可引伸為偏印星之象，主智慧。面濶者則代表較着重物質方面的生活，對物質有概念，擅長規劃，屬較理性的人，可引伸為正印星之象，主知識。

所以寬形額者懂得精打細算，不合化算的事情，絕不會輕舉莽動，但若是額形寬而額頂過於扁平的，缺乏智慧，過於斤斤計較，甚至會吝嗇到滴水不漏的程度。另一方面，額頂向上

高起的人很著重精神生活，但若是額頂向上高起而額相太窄，便縱有智慧，卻不通庶務，不切實際，不善於計算，金錢必不能守，亦較容易衝動及感情用事。所以不論是額高狹窄，或額寬低平，都不是配合得宜之相。

上停以飽脹、寬廣為佳。古書云：「額如覆肝，圓滑無瑕，為最上乘之選」。飽脹主智慧高，寬廣主見多識廣，所以額如覆肝，表示理性與感性兼具，知識與智慧互融。

印星代表長輩及父母。

上停代表印星，印星代表長輩與父母。所以推論一個人是否對上司長輩的態度良好、是否常常得到上師長輩的關懷和適當的指引，都由觀察上停的好壞而定。那些年青時品學兼優而事業有成的人士，跟那些年少時便誤入歧途一事無成的，在額相上有很明顯的差別。前者必然較為飽滿，後者必然凹凸不平，或尖斜低窄。

印星代表政府及公共大機構。

大部份的政府官員，都是上停飽滿，偏於四方形的。

印星代表家庭，家庭是一個人成長的根。

由於家庭環境於一個人的成長，有根深蒂固的影響，因此可概括的推說「八字」的印星亦代表家庭生活和原居地。上停於「面相學」亦代表家庭生活和原居地。這又進一步證明「八字」的印星與「面相」的上停有相對的作用。事實上，寬廣額角的人，每每容易生活在寬敞而安定的家居裏，亦不用離鄉別井；但如果額角過高，就等於「八字」的印星過旺為忌，所謂過猶不及，代表家庭、工作方面難以安穩，經常要外出工幹或旅遊，甚至要經常離鄉別井，所以「面相學」又稱額角為遷移宮。目前很多香港人要到內地工作，他們的額角應該特別高吧！相反，如果額角既窄且低，就等於印星過弱，代表家庭、工作不理想卻又不易求變，甚至外出旅行的機會也不多。有機會出門時，每次必定要打醒十二分精神，因為出門就等於把本身已經衰弱的印星變得更弱，隨時有機會禍從天降。

印星代表學業及事業。

當印星強旺有力而又能為用時，代表責任心重，能得老師及上司器重。在「面相學」上，上停簡轄十五至三十歲，好的上停等於有好的學

業根基，自然容易得到好的事業開始。好的上停媲美印星強旺且為我所用，這點並不難理解。

第四節　中停配日主、比劫、財、官殺

中停是面的中間位置，主要代表青年至中年時期的生活。中停所管轄的歲數是由三十一歲到五十歲，這個階段一般是成家立室，離開父母，展開婚後獨立的人生。所謂在家靠父母，出外靠朋友，中年的運勢大部份在於有沒有良好的朋友助緣，和有沒有合拍的伴侶。中停可引伸為「八字命理」的日主、比劫星、財星及官星，代表自我、兄弟姊妹及同輩、夫妻及感情事、財富、官貴等。

日主，代表自我。

中停位於面部的中間，當我們與他人接觸時，很自然地便會把注意集中在對方中停的位置。有良好中停的人，待人接物都會竭盡忠誠，容易得到朋友及配偶的信任。若中停過份寬潤，個性過於剛猛傲慢，相等於命理中日主過旺，故易犯小人及易破財。

首先談眉心。眉心在相學上稱為命宮、印堂穴、闕中。眉心入一寸為明堂入宮，入三寸為

泥丸。泥丸亦即是現今醫學界所發現的松果體（宗教科學稱之為第三眼）。古代道家經典《黃庭內經》云：「泥丸者，體形之上神也。乃一身之靈宗，百神之命根。津液之仙源，魂精之至寶，德備天地，混洞太玄。」認為泥丸是全身臟腑活動的精氣上朝於腦的體現，為眾神之宗。《黃庭內經》又云：「安在黃闕兩眉間，此非枝葉實是根」。佛經記載佛陀能呈現三十二吉祥相，其中的白毫光相，於白毫能放出光芒萬丈，照遍法界，所謂白毫便是兩眉之間命宮的位置。而道家修煉元神出竅，出入的位置，同樣在命宮。

有經驗的相學家，必能從印堂看出一個人志氣的大小、壽元的長短、知識的多寡、智慧的深淺、意志的強弱、脾氣的剛柔、進財的順逆，以及修心完滿與否、婚姻和家庭生活快樂與否、重病或意外能否過渡、願望能否達成等。

印堂一般以圓滑無瑕、飽滿寬濶、潤澤色佳為最好。印堂受到紋沖痣破，求謀必障礙重重，為人易杞人憂天，婚姻不美滿，易生離易。印堂狹窄、凹凸不平的人，知識範圍亦較狹窄，常坐井觀天。如果印堂破敗落陷，生活感到乏味，不自愛，容易走上自毀的路，健康亦常出現問題。

再談眼睛。從《黃帝內經》來看：「心為身之君主，神氣上通雙目。」又云：「夫心者、五臟之專精也，目者其竅也，華色者其榮，是以人有德也，則氣和於目，有亡（氣不和，神不守），憂知於色。目者神之門，神者心之主，神之出入，莫不游乎目。」這與西方人認為「眼為靈魂之窗」，眼神有喜怒哀樂，表現不同的內心變化，可謂異曲同工。

古代相書云：「人之形要好，神也要強。形可以養血（因骨髓有造血的功能），而血可以養精氣神。」所以形再佳，也要血氣好，血氣好也要神閒，神閒內心才能安定。神者、眼神也。眼神若混濁，形相再好也沒用。所以眼神在面相可說是最重要的一環。

所謂：「眼正心正、心善眼善、眼邪心邪、心惡眼惡。」眼神正是體內能量取向及強弱的表現。眼神若是流露出戾、怒、搖、漏、孤僻的神色時，內心世界的想法也是如此。正如孟子所說：「存乎人者，莫良於眸子，眸子不能掩其惡。」眸子就是眼睛。凡心裏存着歪念邪念，或暗地裏去作傷天害理之事，無論怎樣掩飾隱瞞，眼神也必定在無形中透露內心的秘密。

眼神，是一種感覺，比較抽象，只能從經驗去體會。達摩有觀眼法：「鎮定之神，神藏而真，安而不搖，發而不外露，清而不乾，和軟而不弱，怒而不戾，剛而不孤僻。」其中包含：藏與晦、安與愚、發與露、清與枯、和與弱、怒與爭、剛與孤等十四種精神狀態。「面相學」有另外一套眼神分類法：神藏、神威、神靜、神和、神銳、神馳、神露、神眈、神驚、神慢、神疑、神醉、神昏、神急、神脫等十五類。

一個人眼神不能太露，眼神太露者內心不安定，故必需修心。當智慧在心中，面相自會改善，給人一種厚重沉穩，眼神安定不驕露，神藏而又神強的感覺。

總的來說，眼睛以及印堂，相當於命理學上的日主，代表自我。凡印堂高挺的人不易屈服，相當於日主旺盛。若然加上大眼睛、眼神強，必然熱情豪爽，交遊廣闊，乃日主身旺盛而能洩秀之象。日主亦代表壽命，若然氣色欠佳，印堂暗晦；元氣虛脫，眼光呆滯，當事人必然處於人生的樽頸位，恐大限難逃。若然氣色很好，印堂光亮；元氣舒暢，眼光炯炯有神，便縱遇限亦無礙。

比劫星代表兄弟姊妹及同輩。

眉在「面相學」稱為兄弟宮，代表兄弟姊妹、平輩、朋友，近似「八字命理學」的比劫星。兩眉的作用是保護雙目，而雙目正正代表自我（日主），所以面相的兄弟宮亦相當於命理的比劫星，有幫扶日主的功用。

從眉的長度可知兄弟姊妹的多寡，以眉與眼等齊代表兄弟姊妹適中。何謂適中？即當時社會的平均數目，眉短則兄弟姊妹少於平均數目，眉長則兄弟姊妹多於平均數目。眉形最重要的是「顧目」，即是眉頭與眉尾略彎而包眼，代表常得兄弟姊妹的關心和照顧，是「八字」的比劫星有力且為用之象。

眉粗心粗，眉細心細，眉濃情濃，眉疏情疏。所以眉粗濃濁者，「八字」必定是比劫強旺為忌和缺乏食傷流通之象，故其人頭腦必然愚蠢，不肯學習（因為印星也為忌），冥頑不靈，不願服輸，行為粗魯。眉毛淡淺，「八字」的比劫星必然幾乎等於沒有，故感情淡薄，個性較孤獨，亦較重財利，膽量較小，很情緒化，好壞都易走向極端。

眉毛的形態甚多，有一字眉、新月眉、三角眉、曲角眉、八字眉、頭低、尾揚、尾垂、粗濃、細稀、直豎、柔軟、順生、倒逆、斷裂、混亂等等，暫不細說，在下一章，再作詳細分析。

一般來說，眉長過目，彎而包眼，秀麗端正者，「八字」呈現比劫得力且為用神之象，代表為人脾氣好，身體健康，兄弟姊妹及六親皆能和睦相處。

相反若眉毛散亂、參差不齊、斷眉等，均為「八字」的比劫爭財之象，代表錢財不易聚集。眉過短、細稀淺淡，均為「八字」的比劫乏力之象，代表兄弟姊妹緣份淡薄，容易破財。

財星代表財富。

傳統相學認為「問財在鼻」，所以鼻為「八字」的財星。中停屬於人生由三十一歲到五十歲的中年期，屬於財富開發期。如果這期間的投資和理財策略正確，晚年自可安逸享樂。

富有的人一般是中停較別人優勝，較為橫張，加上鼻子豐隆有肉而不露骨，鼻樑高挺正直，鼻孔平視不見露，眼光銳利。

橫張的中停代表交遊廣闊，較易爭取得到進財的機會。鼻樑是財富來源之地，鼻樑高挺正直，是財源豐盛之象，財運自然佳。鼻子豐隆有肉，對財物有強烈覬覦之心，故爭取財富的動力強盛，是「八字」偏財星之象。鼻孔平視不見露，代表財富的儲聚能力，是「八字」正財星之象。眼光銳利，自然判斷精準，投資有道。財星在男命代表妻子，有好的鼻相能得配偶支持，家庭生活美滿，自然能全心在名利場上角逐，致富自有其因由。

鼻高聳而窄者，而面相又是垂直拉長，一般是重名而疏於利，亦較著重精神生活，任何事都以理想為出發點，屬於完美主意者，性格上亦較為固執，不易妥協，財運自然較弱。

財星代表妻子及感情事。

鼻樑又稱山根，如鼻樑與印堂的高度相若，屬於高。鼻樑高，代表其人主見強而形成固執己見，夫妻溝通不良，性情相左，易生磨擦甚至離易。鼻樑高，相等於「八字」的比劫強旺為忌和比劫爭財之象，容易刑尅配偶健康。

如鼻樑與眼睛的高度相若，屬於低。代表優柔寡斷，夫妻溝通較易較良好，志趣亦較易相投，相等於「八字」的財多身弱之象，容易刑尅自己健康及配偶運勢不佳。

最差的是鼻樑不正，不論左右擺動或高低起伏，都代表婚姻不如意，感情一定多波折。

官殺星代表官貴、爭權、凶災。

顴骨為爭權勢的欲望、生命的意志力、待人處事的態度。顴骨鞏固，肉厚包裹，自然元氣旺盛。顴鼻要高低相稱，方為好相，方能主貴。顴柄入天倉，方能掌權，領導羣體。

顴骨太凸不好，平也不好；位置太高逼眼不好，低瀉下墜也不好；太小不好，太大也不好。

顴骨前突，具攻擊性，行事猛進，可看成是「八字」的七殺之象。

若兩顴失陷削弱，為「八字」的官殺尅身乏力之象，作事欠自律，自我要求低，缺乏信用，無責任心，怕事膽小。

顴骨向兩邊橫張，可視為若不能從正途得權或實現欲望，便會走偏激路線，用不合理甚至犯法的手段去奪取，故偏於惡、暴者，可看成是「八字」命理學的羊刃並七殺之象。

兩顴太貼近雙眼，形成一種壓迫感，即所謂兩顴逼眼。兩顴逼眼的人心高氣傲，做事每每招來很多是是非非，尤其在眼運所象徵的三十五至四十歲時期，更是路途艱辛。

相反，顴骨偏向低瀉下墜者，是怕事懼內之相，一生都是唯命是從，無論在家內或家外都難以避免，中年事業運亦容易轉壞，是「八字」的身弱財官為忌之象。

顴骨左右有高低的人，做事不公正，內心亦不平衡，因而事業必不穩定，可看成是「八字」的官星不為用或乏力之象。

官殺星亦象徵凶災。如果兩顴灰暗欠光澤，代表會遇上奸險小人。小心遇劫，誤墮騙局，甚至被革職等。

官殺星代表丈夫。

女性如鼻挺直，兩顴骨飽滿，相學上稱為兩顴護鼻，相當於「八字」的財生官旺，乃旺夫之相。但是如果兩顴骨飽滿，鼻脊瘦削且無肉，乃尅夫之相。因為在八字命理上，財為官之源，鼻脊瘦削且無肉，乃無財生官之象。如果兩顴灰暗且佈滿色斑，亦是尅夫之相。

總結來說，中停的眉、眼、鼻、耳，皆要配合恰當，不能邊高邊低，也不能大小不一。印堂要飽滿寬濶，潤澤色佳。眉毛以濃淡適中為要，其次是排列順序，有條不紊。眼睛要精神暗藏，光明正大，令人一望而生喜悦之心。鼻、耳要肉厚。顴骨亦要肉厚包裹，與鼻的高低相稱。

第五節　下停配食、傷

下停起自鼻底至下額，對應「八字命理學」的食傷。食傷象徵一個人的飲食享受、思想、口才、欲求、名譽、社交生活、子女、晚輩及下屬、資產等。

食傷顯示欲求：包括情慾及物慾方面。

下顎與小腦的發達與否，息息相關。下顎寬廣者，後頭骨部份與小腦自然發達。小腦為情慾中樞，主管性慾機能，所以下顎顯露人的情慾及物慾，反映他（或她）的精力營養狀況。下顎寬廣者，愛情也會深厚，但若果過於寬闊，容易沉溺於情色之中。

食傷代表晚輩及下屬。

怎樣知道能否得到好的晚輩及下屬輔佐？有好的雙頜和圓圓的嘴角兩邊要有肉。若配合雙耳貼面，表示凡事不需要自己勞心，此乃有得力助手輔佐之相。相反地，若下巴短小、地閣不明顯，或嘴邊少肉、腮骨不能與下顎相連，就難覓得好的下屬，輔佐力量不足，多數事情也要孤軍作戰。

嘴邊的肉稱為頤。臣、頁相合為頤，頁在象形文字為眼睛的圖象，即是代表人的頭部。頤在面相中暗示有臣相輔，有得力助手之象。

食傷表現飲食享受。

透過嘴巴才可以得溫飽，所以下停顯示個人的飲食享受。如果肥胖到有雙下巴，但下頜的部位卻短小，非雙頜的，都不是有福智雙修的相，而是貪吃之相。這些人內心貪得無厭，嘴邊一定薄而尖，無得力助手輔佐之相，不得人心，也不受部屬擁戴。

食傷代表子女。

所謂飽暖思淫慾，有溫飽才有性慾的衝動，才會產生下一代，所以下停可以看子女緣。平潤的下停，子女緣份深厚。相反地，尖削的下停，除了沒有得力下屬及追隨者導致一生波折較多外，亦不懂齊家之道，不容易有子女承歡膝下，晚運自然孤獨淒涼。所謂：「下巴尖尖，老來孤獨天」。

食傷代表思想及口才。

人生出來便懂得以說話及聲音來表達自己的愛惡、喜怒哀樂、內心想法,所以下停可以看一個人的思想及口才。完美的下停,代表一個人能夠清楚又有系統地表達自己的思想,但如果下停肥大且側面看又突出者,說話有時會流於刻薄。

食傷代表名譽。

一個人若能夠清楚又有系統地表達自己的思想,甚至能夠利用口才去爭取自己的利益,同時又使人心服,且能駕御他人使成為自己的追隨者,自然一生都能得到四方的支持及讚譽,貴人重重,名成利就,自有因由。

食傷代表社交生活。

社交不外乎是說話及歡笑等口部運動,這自然會增加嘴邊的摺紋,亦即是下停中的法令位置。所以法令闊的人比法令窄的人更懂社交之道,面面俱圓,社交圈子也較廣闊,自然相識滿天下。

食傷代表資產。

具備豐滿下停的人，容易住進華麗的大屋。「面相學」上鼻代表流動資產，能否積存成為不動資產，要視乎嘴巴是否夠大並與鼻相配，與及下顎是否夠豐滿能承托嘴巴。所以下停所代表的資產，是積存起來的不動產。「面相學」上稱下顎為地閣，而地閣豐滿的人，擁有房地產物業的確比一般人為多。

第六節　結論

縱使天生沒有福祿貴相，頭削扁尖，也不用自怨自艾，正所謂：「命在骨，運在氣」。在第六部：亢龍有悔的第3項，我引進一套「頭面七神訣」，由改善生理機能帶動歲運的改變。至於更深層的命運轉化，是由改變內心的思維，帶動天生的骨形產生變化。要知道人心有修時，自然內氣煥發，氣色變好，運就會隨之而來。正所謂：「積善之家，必有餘慶」。潛移默化，日久見功，自然「肉由骨生，骨由形變」，出現圓滿的線條，甚至脫胎換骨。轉運改命的關鍵，就在自我的心念，我於內篇有詳細解釋。

3. 易經六龍與流年面相總論

易經六龍與流年面相總論

如何打通「流年面相」的任督二脈?秘密就在《易經》六十四卦的第一卦:【乾】卦。【乾】卦由六個陽爻組成,是所有卦的基礎。【乾】卦的六個陽爻,道出「龍」的六種變化過程。龍的變化過程,依循一個週期性的演變。這個演變的週期性和演變的特點,被廣泛地應用到各種專科領域,解釋領域內種種事物的生成變化;包括天氣的轉變、人生的成住壞空、文化的興盛衰落、金融地產市場的起伏、公司機構的現代管理方法等等。【乾】卦六龍就像人生六個階段,觀察龍的變化過程,得出的人生啟示,發人深省。

很多智者及開悟大師參透人生,悟出的哲理,都一致認同人生的發展與【乾】卦六龍的變化規律吻合:童稚的孕育與學習期、初出茅廬的種種人生鍛鍊期、從大惑至不惑的人生突破期、登上顛峰後的人生安穩期、乃至最後反樸歸真歸於平淡的引退期,都與六龍的週期性演變一致。可惜的是在「面相學」的領域,尤其於流年面相方面,理應道出人生週期性的演變,竟然沒有相學家將這個宇宙定律融入分析,實

屬可借。我特在此詳加說明，助您認清六龍變化的要點，那您便可以自己逐一解開，看流年面相時常會遇到的死穴。

第一變：潛龍勿用 (龍剛剛出生，還不懂飛，不能用他做事。)

【乾】卦六爻就像人生六個階段，從初爻起始，《易經》曰：「**初九：潛龍勿用**。」這是人生的第一階段，從呱呱墜地至十四歲止，屬**人生孕育期**，一切都尚在啟蒙的時候，需要靠父母與老師細心的呵護與教導，還未有自主的能力。但無可否認的，將來可能成為國家社會的未來主人翁，是屬於這些尚在潛伏階段的龍，他們雖然還談不上有甚麼成就，但卻有著無比的潛力，並非無用，只是還不到用的時侯，故稱勿用。

第二變：見龍在田 (龍開始能行在地面上，開始可以用他。可是光靠自己，還是不能，還要有人幫助、有人賞識。)

【乾】卦第二爻，《易經》曰：「**九二：見龍在田，利見大人**。」這是人生的第二階段，從十五至二十四歲，屬**人生學習期**。尚在學習的階段，需要靠師長與同學的指導而加以學習，好比在

農田耕種，要學習除草、耕地、播種、插秧、澆水、施肥、殺虫、收割、打麥等。一方面耕種，一方面學習，遇到有疑難的地方，就要懂得去請教有經驗的人，屬於吸收儲備的時期，正是多向大人們學習的好時機。待學業完成，初出茅廬，便要面對人生的鍛鍊。

「練武三月，自覺天下無敵，再學三年，方知寸步難移」，亦正好用來形容此時的心情。少年凡事不可過份自滿，只要能事事虛心學習，自會有高人賞識，在旁幫扶、指點，故稱利見大人。

第三變：終日乾乾 (終日自強不息，檢討自己，反省自己，小心，避免了解錯誤。)

【乾】卦第三爻，《易經》曰：「**九三：君子終日乾乾，夕惕若，厲無咎。**」此人生第三階段也，就是二十五至三十四歲，屬於**人生鍛鍊期**。就是不斷在摸索中尋找人生應走的方向，與及確立固定的目標。這是最重要的階段，亦是最容易想放棄目標，疏陀歲月的階段。古人云：「十年磨一劍。」能夠乾而又乾，終日自強不息，認真投入，不斷刻苦，基礎才能打得好、打得深，未來方能有大成就。**很多人在這人生重要的時刻，好高騖遠，好逸惡勞，以至兜兜轉**

轉，把時間白白地耽誤過去，最終原地踏步，一事無成。這是人生的修煉期，為甚麼有人一事無成，有人恰恰相反的貢獻良多呢？所謂「不經一番寒徹骨，焉得梅花樸鼻香？」

《易經》六十四卦的每一個卦，都是由下上、內外兩個「八卦」組成的。第三爻是下卦 (或內卦) 的頂爻，是由下而上、由內而外最關鍵的一爻，是由內跳入外所必經的一爻，故亦象徵人生成敗最關鍵的一步。

由第三階段進昇至第四階段，正代表我們在社會能站穩陣腳，開始有成就了。可是，這亦是最危險的時刻，最容易會想放棄考驗的時刻，故此千萬小心慎重，絲毫疏懶大意不得，要時刻自強不息。俗語說：「一失足成千古恨。」世事如棋，一子錯，滿盤皆落索。將來欲做社會的中堅，於此階段就必須分秒不懈怠，《易經》稱之為「君子終日乾乾，夕惕若」，到夜晚仍謹慎警惕如白晝一樣，來表達這個不斷地磨練自己的階段。

第四變：或躍在淵 (把握機會跳躍，能飛上天便成飛龍，不能便掉回水裏，變成潛龍。)

【乾】卦第四爻，《易經》曰：「**九四：或躍在淵，無咎。**」此人生第四階段也，就是三十五至四十三歲，屬於**人生突破期**。第四爻是預備跳升到第五爻「九五之尊」的前奏，但亦可能是進昇不成失敗地掉回水裏，變回潛龍，停留在內外卦之間的深淵鴻溝。這時是人生進入顛峰前所要經歷的轉捩點。

這是個怎樣的轉捩點呢？就是古人常說的四十歲「不惑之年」，或者應該更正確地稱為「大惑之年」，亦即是現代人所說的「中年危機」。到了四十歲，似乎已能看破人生的問題，知曉世間的遊戲規則，沒有了二十歲時的激情、三十歲時的使命感，但對很多事反而開始變得無動於衷，甚至起了質上的疑惑，例如營商的會開始對自己為何拼命工作感到困惑；執教鞭的會開始對教育的意義感到疑惑。在生命最基本的地方產生迷惘，心裏忐忑不安，就是四十歲的「危機」。弔詭的是，越被大惑所困的人，才越會不斷反省、不斷追尋，才會於最終真正到達不惑的境界，繼而飛上天，轉化成飛龍！果真能如此，便可順利進入第五爻「九五之尊」的位置。

第五變：飛龍在天 (龍可以持續飛在天上，需要有賢德、有才能的人相助。)

【乾】卦第五爻，《易經》曰：「**九五：飛龍在天，利見大人。**」此人生第五階段也，就是四十四至五十五歲，屬於**人生安穩期**。人生進入這一階段，家庭與事業都達到了頂峰，屬於一個安穩狀態；無論在經濟、時間、身心、思想、知識等各方面，都已達到安穩如意的地步，好比天上的飛龍，神龍見首不見尾，可隨意自由翱翔、自由發揮。尤其是那些在前半生能修心養性，能與人為善，廣結善緣，厚植福田的人，事業、家庭都順利如意，那麼眼裏所看見到的世界及所有的人，都是非常的親切順眼，如魚得水，如鳥翔空，此時就可自我比喻為「九五之尊」了。君臨天下，悠然自得，自然所有看到的人都會像累世大恩人般的親切。

第六變：亢龍有悔 (龍飛得太高，每每曲高和寡，易被人嫉妒。不受歡迎就會從天掉下地來，返回終日乾乾的階段。)

然而一旦進入【乾】卦第六爻，《易經》曰：「**上九：亢龍有悔。**」此人生第六階段也，就是五十六歲及以後，**人生預備引退期**。此時的體力，已大大不如從前，必須懂得耳順之道，適時做引退的打算，方能做到從心所欲，安享晚年。如果仍眷念權位，不識歸去來兮，就像亢奮飛龍，飛過了頭，樂極生悲，變得孤單落寞，復遭蝦戲。驀然回首，發現時不我予，曲高合寡，後悔為何自取其辱？所以，甚麼人生階段，就應該做什麼事，都有其一定的法則。

傳統流年運氣部位歌

欲識流年運氣行，男左女右各分形，
天輪一二初年運，三四周流至天城。
天廓垂珠五六七，八九天輪之上停。
人輪十歲及十一，輪飛廓反必相刑。
十二十三併十四，地輪朝口壽康寧。
十五火星居正額，十六天中骨格成。
十七十八日月角，運逢十九應天庭。
輔角二十二十一，二十二歲至司空，
二十三四邊城地。二十五歲逢中正，
二十六上主丘陵。二十七年看塚墓，
二十八遇印堂平。廿九三十山林部，
三十一歲凌雲程。人命若逢三十二。
額右黃光紫氣生。三十三行繁霞上，
三十四有彩霞明。三十五歲太陽位，
三十六上會太陰。中陽正當三十七，
中陰三十八主亨。少陽年當三十九，
少陰四十少弟兄。山根路遠四十一，
四十二造精舍宮。四十三歲登光殿，
四旬有四年上增。壽上又逢四十五，
四十六七兩顴宮。準頭喜居四十八，
四十九入蘭台中。廷尉相逢正五十，
人中五十一人驚。五十二三居仙庫，

五旬有四食倉盈。五五得請祿倉米，
五十六七法令明。五十八九遇虎耳，
耳順之年遇水星。承漿正居六十一，
地庫六十二三逢。六十四居陂池內，
六十五處鵝鴨鳴。六十六七穿金縷，
歸來六十八九程。踰矩之年逢頌堂，
地閣頻添七十一。七十二三冠奴僕，
腮骨七十四五同。七旬六七尋子位，
七十八九丑牛耕。太公之年添一歲，
更臨寅虎相偏靈。八十二三卯兔宮，
八十四五辰龍行。八旬六七巳蛇中，
八十八九午馬輕。九旬九一未羊明，
九十二三猴結果，九十四五聽雞聲。
九十六七犬吠月，九十八九買豬吞。
若問人生過百歲，順數朝上保長生。
週而復始輪於面，紋痣缺陷禍非輕。
運限併沖明暗九，更逢破敗屬幽冥。
又兼氣色相刑尅，骨肉破敗自伶仃。
倘若運逢部位好，順時氣色見光晶。
五嶽四瀆相朝拱，扶搖萬里任飛騰。
誰識神仙真妙訣，相逢談笑世人驚。

易經六龍與流年面相詳論

第一階段：潛龍勿用

人生孕育期：幼年期，十五歲以前，運限的批算，以觀察雙耳為主。

第二階段：見龍在田

人生學習期：少年期，十五至二十四歲，運限的批算，以觀察前額相為主。

第三階段：終日乾乾

人生鍛鍊期：青年期，二十五至三十四歲，運限的批算，以觀察額側、印堂、眉為主。

第四階段：或躍在淵

人生突破期：壯年期，三十五至四十三歲，運限的批算，以觀察眼、鼻樑為主。

第五階段：飛龍在天

人生安穩期：中年期，四十四至五十五歲，運限的批算，以觀察鼻、顴、人中為主。

第六階段：亢龍有悔

預備引退期：老年期，五十六歲以後，運限的批算，以觀察人中、頰、嘴、下巴為主。

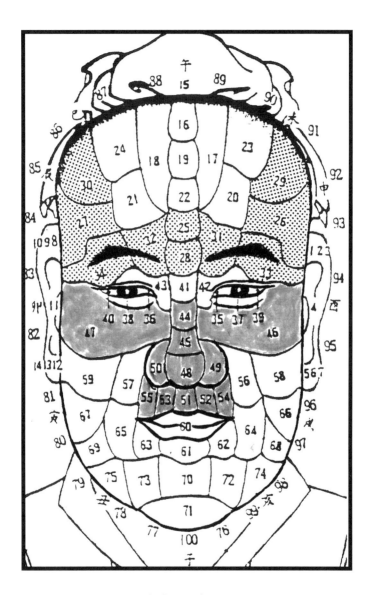

流年面相圖

第一階段：潛龍勿用

人生孕育期：幼年期，十五歲以前，運限的批算，以觀察**雙耳**為主。

一歲、二歲天輪，行至耳朵的上面，耳輪那部份，這部份最好是有耳輪內捲，耳生得端正而色澤紅潤。**三歲、四歲天城**，行至耳朵內的耳郭（軟骨）那部份，此處最不可向外突出去，微有骨起便是最好的耳相了。**五歲、六歲、七歲天廓**，行到耳朵下耳珠的位置，這部份最好的是生有厚厚的耳珠，且微微向前突出，是最好的耳相。**八歲、九歲天輪**，行至耳朵的上面，耳輪那部份，這部份最好的是耳輪內捲，耳生得端正而色澤紅潤。**十歲、十一歲人輪**，行至耳朵內的耳郭（軟骨）那部份，此處最不可向外突出去，微有骨起便是最好的耳相了。**十二歲、十三歲、十四歲地輪**，行到耳朵下耳珠的位置，這處最好生有厚厚的耳珠，且微微向前突出，是最好的耳相。

第二階段：見龍在田

人生學習期：少年期，十五至二十四歲，運限的批算，以觀察**前額相**為主。

十五歲火星，位於正額，在髮際之上，骨格徵起為之有氣。**十六歲天中**，位於髮際中央，此處要高廣，髮際齊而開揚，光澤明亮。**十七歲日角、十八歲月角**，日月角部位要有骨微起，左右兩骨齊起而色光澤，是為日月角成。**十九歲天庭**，天庭是屬於少年運的中樞，位於髮際中央對下額頭之上，這部位需骨起有肉。**二十歲、二十一歲左右輔角**，輔角位於額頭之上，日月角隔離，如色澤鮮明紅潤，豐滿有肉，並有骨微起，是為輔角佳相。**二十二歲司空**，司空位於額頭的正中，此處需骨起有肉。**二十三歲、二十四歲左右邊城**，邊城又叫邊地，位於左右額角之上，此處需骨起有肉。

第三階段：終日乾乾

人生鍛鍊期：青年期，二十五至三十四歲，運限的批算，以觀察**額側、印堂、眉**為主。

二十五歲中正，中正在額頭，眉心對上之處，最宜平滿無痕，氣色鮮明。**二十六歲丘陵、二十七歲塚墓**，左丘陵、右塚墓位於眉骨之上，此處要飽滿和有肉，開揚廣闊。**二十八歲印堂**，印堂是個最重要的部位，直接影響人的一生，最重要是光澤平滿開揚寬闊。**二十九**

歲、三十歲左右山林，山林在髮際額角兩邊
踏，要寬闊光澤。**三十一歲凌雲、三十二歲紫
氣**，凌雲、紫氣位於眉頭部位，這裏要開揚，
不鎖眉心，不生倒毛，兼且眉毛光澤柔潤，眉
根可見，毛順而不亂，上下起伏（即上半部眉
毛向下生，下半部向上生是也）。**三十三歲繁
霞、三十四歲彩霞**，在左右眉尾處，眉毛生得
上下起伏，清而根根見底，色澤烏黑明亮，一
點也不雜亂，眉尾不散。

第四階段：或躍在淵

人生突破期：壯年期，三十五至四十三歲，運
限的批算，以觀察**眼、鼻樑**為主。

三十五歲太陽、三十六歲太陰，太陽、太陰
就在左右眼睛的內側眼白之上，此處要清晰
明亮，紅筋不侵，眼角銳利。**三十七歲中陽、
三十八歲中陰**，中陽、中陰位於左右眼珠之
上，眼珠要生得夠漆黑，而且十分之清晰明
亮。**三十九歲少陽、四十歲少陰**，少陽、少陰
在左右眼尾內的眼白和近眼尾處，最理想的是
眼睛黑白分明，半點也不混濁，眼藏神，露真
光。**四十一歲山根**，山根位於鼻樑對上，印堂
之下，兩眼中間的位置，要生得高聳挺直，肉

豐厚，氣色明澤為吉。**四十二歲精舍、四十三歲光殿**，精舍、光殿在山根和內眼頭之間，要皮肉氣色鮮明不黑，雙目藏神，山根不陷。

第五階段：飛龍在天

人生安穩期：中年期，四十四至五十五歲，運限的批算，以觀察**鼻、顴、人中**為主。

四十四歲年上，年上在正中鼻樑之上，最好是高挺有勢而不露骨，肉厚色黃明，如配上雙顴又佳時，必定能得強勢之運。**四十五歲壽上**，位於鼻樑上接著年上，最要挺直而不偏，高聳有肉，色不晦暗，黃明潤澤。**四十六歲、四十七歲左、右顴骨**，顴骨主要是看一個人是否有實權，在社會或機構裏地位高不高，這個位置要生得很豐滿有肉，並且要非常高聳。**四十八歲準頭**，準頭是主要部位，要豐厚有肉，圓而且大，代表財運特佳。**四十九歲蘭台、五十歲延尉**，蘭台、延尉是兩邊的鼻翼，倘若此處生得特別發達，且向外橫張的話，必定會在財運上獲得意外之驚喜。**五十一歲人中**，人中要深，上窄下闊，有如水滴狀。**五十二歲、五十三歲左、右仙庫**，仙庫在人中兩傍，這裏必需豐厚有肉、夠長。**五十四歲食**

倉、五十五歲祿倉，食倉、祿倉在仙庫傍邊，此部位要生得厚而有肉。

第六階段：亢龍有悔

預備引退期：老年期，五十六歲以後，運限的批算，以觀察**人中、頰、嘴、下巴**為主。

五十六歲、五十七歲左、右法令，法令紋是生在鼻與口兩旁的紋線，這部位要生得夠深刻，隱隱向著口角兩邊延伸下垂，且清晰明潤。**五十八歲、五十九歲左、右虎耳**，虎耳位於兩顴骨之下方，這裏絕對不要下陷，平滿色潤是最好的。**六十歲水星**，水星即正口部，最好是方正而唇厚，色澤紅潤，嘴角朝上，上下相配。**六十一歲承漿**，承漿上接水星口部，下接地閣下巴，首要色潤，次要光滑無紋痕。**六十二歲、六十三歲左、右地庫**，地庫在下巴與口正兩邊一指位至嘴角，是掌管一個人有沒有不動產和能否有積蓄的部位，這裏要生得夠飽滿。**六十四歲陂池、六十五歲鵝鴨**，陂池、鵝鴨在兩邊嘴角對開約二指位，這個部位最好生得豐滿肉多。**六十六歲、六十七歲左、右金縷**，金縷位於嘴角下，最好肉厚或平滿，色澤鮮明光潤。**六十八歲、六十九歲左、**

右歸來，歸來在陂池向外橫過約二隻手指位，這個部位要豐厚不陷，色鮮肉澤。**七十歲頌堂、七十一歲地閣**，頌堂、地閣生在下巴中間之處，最好飽滿肉豐，圓渾而微微向前突出。**七十二歲、七十三歲左、右奴僕**，這個部位就生在下巴左右兩旁之處，最好飽滿肉豐，圓渾色潤。**七十四歲、七十五歲左、右腮骨**，腮骨是主要部位之一，這裏最好是圓滿有肉包，不見骨突，更忌反腮（俗稱耳後見腮），加上色澤明潤。**七十六歲**運行至頦部，這部位要厚而有肉，向前微朝。**在七十六歲後**，由下頦的位置開始，依十二時辰，每時辰兩歲，由子時計起，環繞整個面而運行一週至一百歲，週而復始的推算下去，但一般人論相多數論至七十五歲。

結論

孔子嘗自述曰：「吾十有五而志於學（孕育期、學習期），三十而立（鍛鍊期），四十而不惑（突破期），五十而知天命（安穩期），六十而耳順（預備引退期），七十而從心所欲，不踰矩。」正好作為人生的標竿，亦給「易經六龍與流年面相」定下了最佳的綱領，只可惜古來相學家未能體恤聖心呢！

4. 頭面七神訣

頭面七神訣

《黃庭內景經•至道章》之頭面七神訣：

> 腦神精根字泥丸
> 髮神蒼華字太玄
> 眼神明上字英玄
> 鼻神玉壟字靈堅
> 耳神空閑字幽田
> 舌神通命字正倫
> 齒神崿峰字羅千

「頭面七神訣」為古代道家氣功經典《黃庭內景經•至道章》的修道秘訣，追求的是形神俱妙，為修仙的要樞，養生的正途。《至道章》末句甚至直接了當地指出「但思一部壽無窮」，可知「頭面七神訣」實為修煉及養生的秘中秘，訣中訣也。

而在「面相學」上有所謂「形之有餘也要神足」。神足者，才能夠氣色足。再好的面相也要依靠好氣色方可為用。透過「頭面七神訣」的簡單功法進行「修行」，隨了可以養生長壽外，變佳了的血氣、能量及心神，會在體態、頭形、面

相、氣色、精神等展露出來，達到改變面相及增益氣色的效果。所以「頭面七神訣」亦實為改善面相的寶鑑，亦即是改運的上乘心法。如能領悟「頭面七神訣」的精要，已開始踏上改運之路，踏出了創造更美滿的智慧人生的一大步。

一. 腦神精根字泥丸

「一面之神宗泥丸，泥丸九真者有房，方圓一寸處此中，同服紫衣飛羅裳。」所謂同服紫衣飛羅裳，即是神彩飛揚。

腦為髓之海。人始生，先成精，精成而腦髓生。

兩眉間入一寸為明堂入宮，入三寸為泥丸。**其在體表為印堂穴，又稱闕中。乃一身之靈宗，百神之命根，津液之仙源，魂精之至寶，德備天地，混洞太玄。泥丸者，體形之上神也**。頭面七神是全身臟腑活動的精氣上朝於腦的體現，而泥丸為眾神之宗，故經云：「安在黃闕兩眉間，此非枝葉實是根。」

《內經》又云：「念吾頭頂戴天神，子欲不死修崑崙」。人的真氣元神者上朝於腦，腦足則諸髓自足，故有修崑崙之喻。修崑崙者，修煉腦神也。勤修煉腦神，能使腦聰慧，心不妄動，元神常存。

腦神修煉在的基本功法：「迴紫抱黃入丹田，幽室內明照陽門。」是一種意守丹田呼吸吐納的打坐或修煉內丹功法。但對一般沒有打坐經驗的人會較難掌握。

在這裏，泥丸修煉我採取的基本功法為「**無極功**」。心法云：「身體中正、三點一線（中正站立，兩膝稍屈，使百會、會陰、湧泉成一垂直線）。起功宜慢、鬆靜自然。精神內斂、恬淡虛無。意守丹田，勿忘勿助。自然呼吸，意念忘息。」。無極功練功不受地點及時間限制，隨時隨地可練，要停止時只須解除意守，張開眼睛就是「收功」。

「**無極功**」看似平凡，但若修煉得法可達到「煉精化氣，煉氣化神，煉神還虛」天人合一的境界。其中秘訣有三點：

1. 意念虛極篤靜。所謂「萬象皆空，一靈
   獨現」。

2. 心空如水，意淡若冰，神靜似岳，氣
   行如泉。所謂「神氣交合，混融無方」。

3. 外呼吸息斷，真息隱現，綿綿密密於
   腹臍之中，復歸於純乎自然的胎息。
   所謂「自然呼吸，意念忘息。」

二. 髮神蒼華字太玄

髮為血之餘。髮神名蒼華、字太玄者，言
髮神黑色而有光澤。**通過髮神之象，可見
腎氣之盛衰肝血之盈虛。膽氣足則毛髮不
枯槁。**

修煉髮神是「上朝三元」的導引按摩功法：
「順手理髮，以手乘額上，謂之手朝三元，
固腦堅髮之道也。」方法是以兩手從額部髮
際處開始，十指自然分開沿髮根向頂，向
後作梳髮動作。早晚如此按摩三百次，大
去頭風，固腦，降血壓，令毛髮不白。

三. 眼神明上字英玄

心為身之君主，神氣上通雙目，瞳子為黑色精英，得肝腎合養，清澈而玄妙，故名明上、字英玄。

夫心者、五臟之專精也，目者其竅也，華色者其榮，是以人有德也，則氣和於目，有亡（氣不和，神不守），憂知於色。**目者神之門，神者心之主，神之出入，莫不游乎目。**

道教自古重視以按摩敬養眼神。《內經》云：「摩掌如火，開目熨眼數遍。」其做法是雙手快速擦掌，擦得微微發燙，雙手掌心對着眼睛，眼睛要睜開，用意念觀想手掌如發出光線進入眼睛。

又云：「常用手按日近鼻之兩肞，閉氣為之，氣通則止，終而復始常行之，眼能洞見。」

又云：「欲煉元神，先煉兩目。煉目之法，不外垂廉以養神而已，調息以養氣而已。」

古書又有「運睛煉神法」，雙眼左右來回運轉九次，上下來回運轉九次，然後順時針運轉九次，反時針又運轉九次。最後閉目十秒，再突然睜開，便作完成。運睛時的轉動，要慢與輕為上。

四. 鼻神玉壠字靈堅

壠為土中高處，玉色白，西方正色，即肺之神亦鼻之神也，肺氣通於鼻，鼻為肺之宮。辯香臭而無差謂之靈，司呼吸而不疲謂之堅。

天食人以五氣，五氣入鼻，藏於心肺。故天氣通於肺，以鼻為孔道，為生之門户。

古人有「鼓呵法」，有消積去滿，開胸順氣的功用。方法是先吸一大口氣，屏息不再呼吸，然後鼓動腹部九下（或為九之倍數），再稍稍抬頭，慢慢張口，一次呵出那濁氣，而且要呵出聲來。連續做九次方為完成。「鼓呵法」有兩個重要竅門：第一是鼓動腹部要求快速及有力；第二是呵氣時要觀想肚子中的濁氣黑氣全都被呵出去。

肺和呼吸關繫最大。練習正確的胸式呼吸法、腹式呼吸法及閉氣吐納法，亦為養肺的有效法門。

五. 耳神空閉字幽田

空閉謂耳貴清靜，幽田言其居於幽玄之宮。

腎氣通於耳，心氣寄於耳，氣竅相通，如窗牖然，聲音之末，雖遠必聞。**若腎氣虛，精神失守，氣寶庫宜通，內外窒塞。斯有聾之疾矣。所謂五臟不和，則九竅不通是也。**

修耳的導引功法名為鳴天鼓。《神仙服氣法》云：「天鼓者，耳中聲也，舉兩手心，緊掩耳門，以指擊其腦戶，常欲聲壯盛，一日三探，有益下丹田。」其竅門在於先吸氣並氣注丹田，再繼以雙掌心掩耳的全部，兩手中指在腦後相對，再以食指壓在中指上，閉着氣，一次一次中食指用力滑下，與大腦互相震動，隆隆有聲。

六. 舌神通命字正倫

何謂正倫?《內經》云:「咽津以舌,性命礙通,正其五味,各有倫理。」

又云:「心開竅於舌,舌為心之苗。」心腎為人身水火之宮,性命之源。心腎二經皆交會於舌。

《黃庭內經》修煉舌神的方法是「舌攪玉液咽玉津,玉池清水灌靈根」。口為玉液,又稱玉池。舌底部繫帶兩側靜脈上有兩穴與心經相通,左名金津,右名玉液。此兩穴實為津液之所生也。經云:「漱而咽之,引火下行,潤洗五臟,如是則內不傷,外不惑。」把唾液作為無法替代的靈丹妙藥,是《黃帝內經》及自古道家修煉養生最簡單不過的不二法門。所謂「漱而咽之」,方法是用舌攪舐齒齦上下四周,左右來回運轉,成橫8字形,在門牙處交會轉接。津液會從舌底流出,當積滿後,隨即緩緩咽下,並以意念觀想送到丹田。然後再重新開始,如是者須重覆九次方為完成。

七. 齒神崿峰字羅千

齒神有如齒齦上羅列眾多之山峰。為腎之精英所在。

腎主骨，齒為骨之餘，齒之生成與脫落，皆與人的腎氣相聯繫。精充則齒堅，腎衰則齒豁，虛熱則齒動，髓益則齒長，腎虛牙痛則齒浮。

叩齒咽津為養齒神的要法。道家經典《抱朴子》云：「清晨叩齒三百過，永不動搖。叩齒作響既可壯骨固腎，又有助於口中生津，腎水上滋，使外在生輝，外現華彩，顏面光澤，肺氣順暢，有脈流通。」

至道不煩決存真，泥丸百節皆有神。髮神蒼華字太玄，腦神精根字泥丸，眼神明上字英玄，鼻神玉壟字靈堅，耳神空閉字幽田，舌神通命字正倫，齒神崿峰字羅千。一面之神宗泥丸，泥丸九真皆有房，方圓一寸處此中，同服紫衣飛羅裳。但思一部壽無窮。

《黃庭內景經至道章》

---

5. 八字十式

八字十式

第一式：一分為二、化繁為簡（看八字平衡）

八字不管原局五行生尅制化如何複雜，均可一分為二，化繁為簡：

以水火分： 火由木生，火中有木；水由金生，水中有金。「以水火分」已經包括「以寒熱分」（金水為寒，木火為煖），及「以燥濕分」（水有金生遇寒土而愈濕，火有木生遇暖土而愈燥）。

以金木分： 金木之真機，自有相尅相成者存。

以體用分： 「體」是我自己及我能使用的工具，例如日主、印、比肩等都是體；「用」是我的目的、我的追求，即是我要得到的東西，例如財、官等都是用。

以從弱分： 從弱之天干，由從轉不從，或由不從轉從，人生自有大變動。

第二式：干支氣象、知其力、用其勢（看八字等級）

八字需看有否「氣象規模」，以「知其力、用其勢」。八字不管原局五行生尅制化如何複雜，均可透過簡單觀察各個干支氣象，對五行氣象規模一目了然，藉以做到知其力、用其勢：

觀察各干支之五行氣力、氣勢強弱：

因干支一體，先看日干，再看日支；並觀察其得令、得地、得黨情形，即可知日干五行氣力強弱。再觀察年、月、時干之五行氣力強弱情形。

地支未透干者，若觀察其得令並得二支以上與否，或支呈三合、三會局與否，即可知其五行氣勢強弱情形。

比較八字五行相互氣象規模，若五行各得其所，自然歸聚成福：

若日干一氣獨旺，即一行成象。

若與日干有兩氣並旺，即兩行成象。

若與日干有三氣並旺，即三行成象。

若與日干有四氣並旺，即四行成象。

若日主五行氣力極弱，而其他五行氣力、氣勢偏強，即從弱格。有從一行、兩行、三行、四行。

若干支五行雜陳，不成氣勢，可歸「無格局」、「雜格局」，此乃柔弱偏枯，小人之象。

第三式：我與非我、距離遠近（看八字環境）

學習八字必須建立一個正確觀念，即日干為我，稱為「主」，其餘三干四支為非我，是我要面對的。我有我之喜忌，非我亦有非我之喜忌。

故八字論喜忌，須詳而細微，分別事業／學業、父母、六親、情緣、婚姻、財富、名、地位、聰明智慧、出身環境、凶災、官非、…。切忌含混籠統，說好說壞。

日干為我，我之生存力高低，將決定我能夠享受或適應環境（其餘三干四支）力之強弱。大運流年是外來的，對我的八字產生影響。每逢大運流年，為日干我所喜者，未必為其餘三干四支非我所喜；為我所忌者，未必為非我所忌；為此非我所喜者，未必為彼非我所喜；為此非我所忌者，未必為彼非我所忌。

故行美運，未必福祿壽三全；行惡運，未必妻財子祿皆傷。所謂好年也有凶災，惡運也可進財；即使進財，也得看財星在其麼位置，如在主位（如合日干），就是我的財，如在賓位，就是別人的財了。切忌含混籠統，說好說壞。

八字干支之生剋作用大小和距離成反比。例如，八字以日干為我，首先要考慮的即是日支、月干及時干。唯有將日支、月干及時干對日干的作用了解清楚，才能有效地推論我之生存力高低，以及我能夠享受或適應環境力之強弱。

第四式：歲運作用、浮沉升降（看歲運波動）

在八字命理學中，以命局論根基，以歲運論起伏波動。八字逢歲運入命，即有該歲運干支之屬性及心性進入，影響原來八字的環境。

八字干支之相互生剋作用大小和距離成反比。但是，歲運入命，其位置又將如何排列？在八字命理學中，歲運之波動性，乃決定於歲運干支對原來八字命局中各個干支發揮之「浮沉升降」作用之程度。

「升降」：

> 八字中某天干原無根，若逢相應之歲運地支而得根，是名「下降」，該天干即可免漂浮。

八字中某地支五行原未透上天干，若逢相應之歲運天干而得透干，是名「上升」，該地支五行隱伏之氣勢即可轉化成相關的顯現之力動。

「浮沉」：

把八字中原來的四個天干放在水平線上，再把歲運干支與原來八字之生尅制化等現象之結果，代入此天干之圖表，以看出四個天干各自力氣之浮（提升）沉（降低），便可得出八字中四個天干之波動圖了。

把八字中原來的四個地支放在水平線上，再把歲運干支與原來八字之生尅制化等現象之結果，代入此地支之圖表，以看出四個地支各自力氣之浮（提升）沉（降低），便可得出八字中四個地支之波動圖了。

歲（流年）與運（大運）之間，以運為君，歲為臣，君可制臣，臣不可制君。故大運倘行至吉鄉，流年卻與之相悖，不為大害；但大運倘行至凶禍之鄉，流年便縱主吉，仍恐樂極生悲，終必主發禍。而批流年時，必須首先將流年和大運的干支組合起來作比較分析沒有合冲刑現象，然後再加入命局，從流年和大運的干支，對原來命局「八字環境」的好壞影響，作出分析判斷。

而日干、乃至八字中各個干支之喜忌，並非固定不變，有命中為忌而逢歲運反忌為喜者，亦有命中為喜而逢歲運反喜為忌者。

第五式：十神十力、性格論命（看八字性情）

「日主」與其他各干支的五行生尅制化之五種基本型態。當中「異性相吸、陰陽有情」、「同性相斥、陰陽無情」。陰陽有情則易「樂在其中」，陰陽無情則易「情義兩忘」。

1. 「同我」：依賴型態

    - 比肩：合作力（無情）
    - 劫財：分享力（有情）

2. 「我生」：適應環境型態

    - 食神：理性力（無情）
    - 傷官：感性力（有情）

3. 「我尅」：支配型態

    - 正財：照顧力（有情）
    - 偏財：享受力（無情）

4. 「尅我」：刻苦型態

    - 七殺：戰鬥力（無情）
    - 正官：保守力（有情）

5. 「生我」：思想型態

    - 偏印：屬靈力（無情）
    - 正印：現實力（有情）

第六式：生尅制化、用神玄機

八字非「五行生尅制化」不立，什麼體用、用神、格局更非「五行生尅制化」不靈。這「五行生尅制化」並非三兩語就能夠闡釋清楚。但不管原局五行生尅制化如何複雜，總離不開以下大原則：

　　強者洩之（五行生克制化之一）
　　母旺子衰（五行生克制化之二）
　　子旺母衰（五行生克制化之三）
　　相尅相成（五行生克制化之四）
　　五行反尅（五行生克制化之五）
　　弱者遇強者（五行生克制化之六）
　　專旺／從旺（五行極端之一）
　　從弱（五行極端之二）
　　流通（五行流通）

第七式：陰陽五行、體質屬性（看八字健康）

透過八字的陰陽、五行，掌握體質屬性，以瞭解自己身體最脆弱部分，這是八字看健康之第一關鍵。

一、陰陽平衡：

依據八字的陰陽原理，能看出人生病的三組對立生理特性：虛實、寒熱、燥濕。「濕、寒、虛」屬陰，「燥、熱、實」屬陽。一切身心疾病的發生，都是因為陰陽失去平衡，太過或不及的變態所致，稱為「陰陽失調」。

八字過濕者體質濕，身體較易浮腫；脾胃虛弱，運化失常，水濕內停，容易出現食欲不振、泄瀉、腹脹、小便少、面目四肢浮腫等情況。

八字過燥者體質燥，身體顯得乾枯、多皺紋；燥屬肺之故，咽乾舌燥。

八字過熱者體質熱，臉部顏色會很明顯偏於紅、黃色；經常口渴慾進飲，或冬季口渴也喜冷飲、面紅潮熱、煩燥、小便短赤、

舌苔黃糙等情況。反之，**八字過寒者體質寒**，臉部顏色會很明顯偏於黑、白色；不易口渴、或假渴而不慾進飲、或夏裡口渴也喜飲熱湯、手足厥冷、小便清長、大便溏瀉、舌苔白滑等情況。

八字日主強旺者一般體質實，較多感覺精神爽利，精力充沛；人體機能亢奮、體格健壯、抵抗力強、無汗或汗出後身體仍熾熱、及較易大便秘結者。反之，**八字日主身衰弱者體質虛**，較多感覺精神不振，精力不足；人體機能衰弱、抵抗力不足、盜汗、及較易腹瀉。

二、體質屬性：

在一個人的八字命格中，日主代表著自己。日主的五行屬性，同時也是自己的「體質屬性」。掌握調養自己的體質屬性是健康首要原則：

木行體質者，最要保肝護膽，平心靜氣；易患內分泌系統疾病。養生要點：少生氣，不熬夜。

火行體質者，最要通脈養血，益氣安神；易患心腦血管系統疾病。養生要點：多運動，常歡笑。

土行體質者，最要健脾和胃，調暢氣機；最易患消化系統疾病。養生要點：注意飲食，保證睡眠。

金行體質者，最要調理肺氣，潤腸排毒；易患呼吸系統疾病。養生要點：防感冒，通大便。

水行體質者，養腎固元，通利小便；最易患泌尿系統疾病。養生要點：護脊柱，不憋尿。

三、五行生剋，八字看病

相生、相剋追求平衡：

依據八字的五行相生、相剋原理，能看出人生病屬於甚麼臟腑。相生、相剋追求平衡。如果發現八字某種五行出現「過亢狀態（相乘）」，大運流年若能讓該五行恢復平和則身體無恙；而日常維持身體健康的調理目標亦是放在讓該五行恢復平和。如

果發現八字某種五行處於「衰弱狀態 (反侮)」，大運流年若能讓該五行能量上升到正常值則身體無恙；而日常維持身體健康的調理目標亦是放在設法激化讓該五行能量，使其上升到正常值。

相生關係：

金生水：肺金清肅下行助於腎水 (通過肺氣的通調可以使水分正常的排泄和吸收)。

水生木：腎水之精氣養於肝木 (腎的功能正常，精氣就充足，陰陽就會平衡，肝木就會不亢不燥)。

木生火：肝木藏血營濟心火 (肝臟血液充足能幫助心臟，加強人體內臟的血液及補充其不足)。

火生土：心火陽氣溫於脾土 (心臟的功能使血液循環良好時，人體保持良好的能量供應，能使脾健胃和)。

土生金：脾土化生水谷精微以充實肺金（脾土消化後所產生的精微，首先被肺金所利用，讓肺金的氣化功能增強，而後輸送到全身）。

相剋關係：

木剋土：肝木之條達能疏洩脾土，即木剋土。

土剋水：脾土之運化能控制腎水之泛濫。

水剋火：腎水之滋潤能平和心火狂燥。

金剋木：肺金之氣清肅下降能抑制肝膽上亢。

火剋金：心火之陽熱能制約肺金清肅太過。

相乘、反侮易造成疾病發生

相乘現象：在五行互動中，某五行盛極而太過之勢，產生強者趁虛欺壓弱者，導致身體機能不平衡、不穩定的狀態。正常的相剋關係原本存在著一定的強弱平衡值，但若強者過強，比如木氣過於亢盛，造成

土過虛而木過亢，人體就會引發脾胃之病，治療關鍵要以「抑木扶土」之法。

反侮現象：在五行互動中，某五行原有的順剋秩序被破懷，應該被剋制的五行反制原本的剋主，這會使人體身心臟腑的協調性遭到更為嚴重的破壞。比如木氣過亢而反侮了原來用來剋制木性的金，金氣因此相對顯得虛弱，這就會出現金虛木侮之病，此狀態必須使用補金疏木之法來調理。

八字某種五行出現相乘、反侮狀態：

1. **肝、膽方面**：強金伐木、土重木折、水多木漂、火炎木焚、木重無泄。

2. **心、小腸方面**：水多火熄、土多火晦、金多火衰、木多火塞、火多無泄。

3. **脾、胃方面**：木重土陷、水多土流、金多土虛、火多土焦、土旺無泄。

4. **肺、大腸方面**：強火熔金、木堅金缺、土多金埋、水多金沉、金旺無泄。

5. **腎、膀胱方面**：土多水塞、金多水濁、火多水沸、木盛水縮、水旺無泄。

第八式：合冲尅刑、突變神機（看八字成敗）

1. **天干合化是假訣，唯看「從」、「不從」**

   如果任何一個五行有足夠的獨立能力，根本就不會放棄自己的五行屬性而順「從」別的五行。這是五行命理之「從弱」原則：「衰之極者不可益，弱極則從其他旺勢，相得益彰。」故所謂天干合化，無非只是從不從而已，勿庸再論。

2. **會合的吉凶原則**

   - 合即是聚合的意思，是指力量的連結一起，形象上一般代表合作，有事業上的合作、有男女之間的結合，也代表着融洽及和解。

- 會合後能從可作「從」論，相合後不能從可作「羈絆」論。

- 「合去喜神」為凶為災，好事變壞事；而「合去忌神」則為喜為福，壞事變好事。如甲日主身旺，以辛金為官而干透丙火，合去喜神辛官，則此合為忌。

- 會合後所得出的喜忌，是決定於命局中的需要，不能一概而論。該合而合者，才可以吉論；不當合而合者，不可以吉論。

3. 冲的吉凶原則

- 冲是指力量被冲散的意思，代表心內矛盾對立爭戰。內容可包括一切事，例如：事業上的、男女之間感情事的、健康與疾病，…。有諸於內，形諸於外，故冲實在可直接帶動各種生命突變或變動。

- 喜用神與忌神相冲，要兼看強弱，方能決定吉凶。若能冲去忌神，是逢冲反成，主吉；命局中若是冲去喜用神，是冲之為忌，主凶。

- 會合有時可以解冲（寅申巳亥之冲），有時反而助冲（子午卯酉之冲），有時須看全局氣勢流通（辰戌丑未之冲），不可以一概而論。

4. 刑的吉凶原則

- 刑是指心恆不安定的意思。三刑有兩種，即是寅巳申與丑未戌三刑。其餘是子卯相刑；辰辰、午午、酉酉、亥亥自刑。

- 三刑雖多主心不安定，然而一個命局的吉凶，仍須取決於十神性格、五行的生尅制化以及流通之理。

- 論命時要弄清楚地支相刑的性質，必須仔細推斷藏干的五行生尅制化對日主的影響。其中有根據藏干相尅相冲論刑、根據藏干相合論刑、根據藏干相生論刑、根據藏干相比論刑、…。

第九式：光明改命、假中求真

無單一方法，要觀察對象，根據對象種性來作決定。對象可分為五種性。

智慧型 — 告之光明即改運，因其僅暫時迷惑。鼓勵坐禪，萬法唯識。

知識型 — 不妨多說，互相切磋。有耐性地分析其命局五行機理，有如講學。使其不忽略五行（五術），卻又不迷信之。

不誠型 — 不必多說，免浪費時間。

迷信型 — 告之行善積福，是唯一改造命運之法。鼓勵多讀《了凡四訓》，除此以外，不用多說。

急症型 — 急救方，一線生機。盡量為其做某些事，或教其念《心經》、或教持咒，使其感覺已擁有光明法寶。

第十式：扭轉全局、時辰重要

時辰不同，八字就有天壤之別，故三柱論命不可盡信。運用「八字十式」，提升自己依據客觀事實推斷時辰之功夫，尤其重要。

6. 飲食開運八法

飲食開運八法

飲食開運學，顧名思義，就是要憑食物來達到改造自己命運的目的。人體五臟的強弱好壞，正好反映在八字陰陽五行之中。身體不安，五臟不調，內分泌自然失調，情緒、思想、及性格直接被擾亂，運氣也相繼變壞。所謂「修心修其口」，如果能透過飲食，適當地調治五臟六腑的陰陽性質，增強身體所需的五行能量，我們的情緒、思想、及性格，自然跟著轉變，趨向調諧。這便等如將自己命局內過旺或過衰的五行，間接地治好；同時自己的運程，也間接地醫好了。

飲食開運的心法，在於我們要服食與體質相合的食物，從而保持五臟的陰陽平衡，維持身心的健康，達到淨化心靈及開運的效果。那麼如何服食與體質相合的食物呢？這可從傳統道家醫術入手。道家醫術以**虛實、寒熱、燥濕**三種對立的生理特性，綜合一般人的體質為下列八種主要類型：

1. 燥熱實型
2. 濕熱實型
3. 燥寒實型
4. 濕寒實型
5. 燥熱虛型
6. 濕熱虛型
7. 燥寒虛型
8. 濕寒虛型

「濕、寒、虛」屬陰,「燥、熱、實」屬陽。一切身心疾病的發生,都是因為陰陽失去平衡,太過或不及的變態所致,稱為「陰陽失調」。從道家養生及修心的角度來看,只要我們能服食與體質相合的食物,就可以保持陰陽平衡,保持身心健康,達到延年益壽及淨化心靈的效果。

論虛實、寒熱、燥濕

虛實

凡是人體機能衰弱、抵抗力不足、盜汗、及較易腹瀉者,體質上都屬於「虛」。反之,人體機能亢奮、體格健壯、抵抗力強、無汗或汗出後身體仍熾熱、及較易大便秘結者,都屬於「實」。

中醫認為大多數疾病的成因，是由於入侵人體的病邪所致，而病邪能否入侵，完全取決於人體正氣的強弱與否。體質實者，自然正氣強旺，較不容易受到病邪的攻擊。反之，體質虛者，正氣虛弱，就容易受到病邪的攻擊。另一方面，當病邪侵入後，人體會產生抵抗作用。體質實者，抵抗力亦強，邪氣雖猖獗，病情亦可很快轉好。反之，體質虛者，抵抗力弱，易虛耗正氣，病情亦很易加劇。

> 最簡單的分別方法為：體質實者，經常感覺精神爽利，精力充沛。反之，體質虛者，經常感覺精神不振，精力不足。

寒熱

凡是不易口渴、或假渴而不慾進飲、或夏裡口渴也喜飲熱湯、手足厥冷、小便清長、大便溏瀉、舌苔白滑等情況，均歸類為「寒」。反之，若經常口渴慾進飲，或冬季口渴也喜冷飲、面紅潮熱、煩燥、小便短赤、舌苔黃糙等情況，均歸類為「熱」。

> 最簡單的分別方法為：體質熱者，臉
> 部顏色會很明顯偏於紅、黃色。反之，
> 體質寒者，臉部顏色會很明顯偏於黑、
> 白色。

燥濕

凡脾胃虛弱，運化失常，水濕內停，容易出現
食欲不振、泄瀉、腹脹、小便少、面目四肢浮
腫等情況者，均歸類為「濕」。

反之，身體顯得乾燥枯涸、多皺紋、咽乾舌燥
（燥屬肺之故），均歸類為「燥」。因為中醫認為：
「諸澀枯涸、乾勁皺揭，皆屬於燥。」

> 最簡單的分別方法為：體質濕者，身
> 體較易浮腫。體質燥者，身體顯得乾
> 枯。

體質八型

1. 燥熱實型：經常感覺精神爽利，精力充沛。
   臉部顏色會很明顯偏於紅、黃色。身體顯
   得乾枯。此類型人的特徵，是容易便秘。

2. 濕熱實型：經常感覺精神爽利，精力充沛。臉部顏色會很明顯偏於紅、黃色。身體較易浮腫。此類型人的特徵，是容易引起高血壓症。

3. 燥寒實型：經常感覺精神爽利，精力充沛。臉部顏色會很明顯偏於黑、白色。身體顯得乾枯。此類型人的特徵，是容易罹患急遽又危險的疾病。

4. 濕寒實型：經常感覺精神爽利，精力充沛。臉部顏色會很明顯偏於黑、白色。身體較易浮腫。此類型人的特徵，是容易引起神經病，且帶有激烈的神經痛。

5. 燥熱虛型：經常感覺精神不振，精力不足。臉部顏色會很明顯偏於紅、黃色。身體顯得乾枯。此類型人的特徵，是容易罹患胃病及糖尿病。

6. 濕熱虛型：經常感覺精神不振，精力不足。臉部顏色會很明顯偏於紅、黃色。身體較易浮腫。此類型人的特徵，是容易下痢、尿量少，故體內積有多餘水份。

7. 燥寒虛型：經常感覺精神不振，精力不足。臉部顏色會很明顯偏於黑、白色。身體顯得乾枯。此類型人，是屬於貧血型，容易精力減退、虛弱、糖尿病等症狀。一般而言，尿量多，故體內有水份不足的傾向。

8. 濕寒虛型：經常感覺精神不振，精力不足。臉部顏色會很明顯偏於黑、白色。身體較易浮腫。此類型人為虛弱型，容易患下痢。心臟虛弱，性能力衰退。但由於這類型人較注重身體的健康狀況，所以反而會較一般人長壽。

飲食健康的原理

飲食健康的原理，其實非常簡單，就是要根據個人體質，作出平衡與中和的調合。例如：有燥的，就該吃得滋潤一點。同樣地，用藥物也是，用潤來治療。潤是甚麼呢？潤就是少少的補一些水。乾燥就必須用比較潤的藥物，或食物讓乾燥變得潤一些。又例如：體質虛寒的人，常常四肢冰冷、怕冷、畏寒、怕風、頭暈、頭昏、常腹瀉、氣短易喘、精神萎靡，飲食方面就要好好補一下。至於平常相當壯碩，很少生病的人，則不需要進補了。

除人的體質可以用「**虛實、寒熱、燥濕**」來分類外，食物也可以用相似的方法來分類。食物以「**補瀉、溫涼、燥潤**」三種對立的功能來分類。我必需指出，這並非純粹理論的分類，是按照食物對我們身體發生的作用的傾向，和實際經驗來加以歸納分類而成的。

補瀉

- 補食、補藥：食用這些食物者，體質就會朝實質類型方向作出調節。所以，適合於虛質類型者服食，使身體作出**由虛轉實**的調理。反之，實質類型者服食後，便會更加增強實質體質的傾向，所謂過猶不及，必會產生副作用。

- 瀉食、瀉藥：食用這些食物者，體質就會朝虛質類型方向作出調節。所以，適合於實質類型者服食，使身體作出**由實轉虛**的調理。反之，虛質類型者服食後，便會更加增強虛質體質的傾向，必會產生不良後果。

温涼

- 温食、温藥：食用這些食物者，體質就會朝熱質類型方向作出調節。所以，適合於寒質類型者服食，使身體作出**由寒轉熱**的調理。反之，熱質類型者服食後，便會更加增強熱質體質的傾向，所謂過猶不及，必會產生副作用。

- 涼食、涼藥：食用這些食物者，體質就會朝寒質類型方向作出調節。所以，適合於熱質類型者服食，使身體作出**由熱轉寒**的調理。反之，寒質類型者服食後，便會更加增強寒體質的傾向，必會產生不良後果。

燥潤

- 燥食、燥藥：食用這些食物者，體質就會朝燥質類型方向作出調節。所以，適合於濕質類型者服食，使身體作出**由濕轉燥**的調理。反之，燥質類型者服食後，便會更加增強燥質體質的傾向，所謂過猶不及，必會產生副作用。

- 潤食、潤藥：食用這些食物者，體質就會朝濕質類型方向作出調節。所以，適合於燥質類型者服食，使身體作出**由燥轉濕**的調理。反之，濕質類型者服食後，便會更加增強濕體質的傾向，必會產生不良後果。

綜合以上所述，可將八類型體質的飲食方法歸納如下：

1. 燥熱實型：潤、涼、瀉的食物
2. 濕熱實型：燥、涼、瀉的食物
3. 燥寒實型：潤、溫、瀉的食物
4. 濕寒實型：燥、溫、瀉的食物
5. 燥熱虛型：潤、涼、補的食物
6. 濕熱虛型：燥、涼、補的食物
7. 燥寒虛型：潤、溫、補的食物
8. 濕寒虛型：燥、溫、補的食物

四氣五味與「補瀉、溫涼、燥潤」的關係

四氣

早在《神農本草經》就提出四氣五味，來說明藥物的性味，代表藥物的藥性和滋味兩個方面。其中的「性」又稱為「氣」，是古代通用，沿襲至今的名詞，所以春、夏、秋、冬四氣也就是四性。四性，就是溫、熱、涼、寒四種藥性（此外，還有一些藥物的藥性較為平和，稱為「平」性，但一般仍稱為四性）。溫熱和寒涼是對立的兩種藥性，我簡單地歸類為溫、涼。寒和涼之間、熱和溫之間，是程度上的不同，也就是

說藥性相同，但在程度上有差別，溫次於熱、涼次於寒。

五味

五味，就是辛、甘、酸、苦、鹹五種不同的滋味。五味入五臟，《黃帝內經》云：「辛走氣在肺、氣有病不吃辛味（以酸補之）。鹹走血在腎、血有病不吃鹹味（以苦補之）。苦走骨在心、骨有病不吃苦味（以鹹補之）。甘走肉在脾、肉有病不吃甘味（用苦瀉之）。酸走筋在肝、筋有病不吃酸味（以辛補之）。」

若從補瀉燥潤的關係來看，五味的歸類如下：

- 辛味食物多能耗氣傷陰津，可歸納為燥類。有發散、行氣等作用。一般發汗的食物與行氣的食物，大多數有辛味；某些補養的食物，也有辛味。
- 甘味食物多數膩滯，容易助濕，可歸納為潤類。有滋補、中和或緩急的作用。一般滋補性的食物及調和藥性的藥物，大多數有甘味。
- 酸味食物多能收斂及固澀，具有止汗、止瀉等作用，故亦絕對不是潤類，可歸納為燥類。

- 苦味食物性質多燥，易傷陰津，可歸納為燥類。亦有瀉火、通泄、下降等作用，可歸納為瀉類。一般具有燥濕、清熱、瀉下和降逆作用的食物，大多數有苦味。

- 鹹味多能滋水、潤下，可歸納為潤類。亦有軟堅、散結或瀉下等作用，可歸納為瀉類。一般能消散結塊的藥物和一部分瀉下通便的藥物，帶有鹹味。

在五味以外，還有淡味和澀味。淡而無味的食物，多有滲濕、利尿作用，易傷陰津，可歸納為燥類。所以一般能夠滲利水濕、通利小便的藥物，大多數是淡味。澀味的食物，多能收斂及固澀，性質等同於酸味食物，屬於燥類。

由於性有性的作用，味有味的作用，必須將性和味的作用綜合起來看，才能構成食物完整的「補瀉、溫涼、燥潤」的性質。

食物性質

木瓜　：溫、補、燥（利尿、止渴、浮腫）
龍眼　：溫、補、燥（助眠、補血、健胃）
紫蘇　：溫、補、燥（增進食慾）
栗子　：溫、補、燥（強壯、固精、收斂）
生薑　：溫、補、燥（胃腸）
橘子　：溫、補、燥（增強活力）
石榴　：溫、補、燥（強化活力）
羊肉　：溫、補、燥（益氣血、溫中補虛）
鯉魚　：平、補、燥

大棗　：溫、補、潤（緩和、滋養、鎮靜、收斂）
梅子　：溫、補、潤（鎮吐、止渴）
胡桃　：溫、補、潤（滋補、固精、強壯）
櫻桃　：溫、補、潤（止下痢、止咳、助發育）
桃　　：溫、補、潤（冷症、美容）
人參　：溫、補、潤（止渴、強壯、強精）
海參　：溫、補、潤（滋補要藥、強壯、強精）
牛肉　：溫、補、潤（止渴、強壯、健胃）
蝦　　：溫、補、潤（催乳、強精）
花生　：溫、補、潤（治肺結核、營養）
蘋果　：溫、補、潤（強化呼吸）
雞肉　：溫、補、中
胡麻　：平、補、潤（通便、健胃、治不眠症）

山藥 ： 平、補、潤
香菇 ： 溫、補、潤

蔥 ： 溫、瀉、燥（發汗、利尿、鎮咳）
韭 ： 溫、瀉、燥
香煙 ： 溫、瀉、燥
大蒜 ： 溫、瀉、燥（開胃、健脾、瘟疫、消癰腫）

杏仁 ： 溫、瀉、潤（鎮咳、平喘、潤腸、去痰、發散）
鳳梨 ： 溫、瀉、潤（增進食慾、增進機能）
梨 ： 涼、瀉、潤（清涼生津）
香蕉 ： 涼、瀉、潤（清胃腸、治便秘、止咳、含維他命A）
蘆筍 ： 涼、瀉、中（解熱、潤腸、止渴、便秘）
茶 ： 涼、瀉、潤（清涼、止咳）
西瓜 ： 涼、瀉、中（清涼生津、利尿、降血壓）
蘿蔔 ： 涼、中、平（清胃腸、治便秘）
柚子 ： 涼、瀉、潤（排毒、通便、健胃除痰）
芒果 ： 涼、瀉、潤（鎮吐、消化）

昆布 ： 涼、瀉、燥（對甲狀腺亢進有效）

螃蟹 ： 涼、瀉、燥（驅瘀血、強筋骨、通月經）

菊花 ： 涼、瀉、燥（降血壓）

蘆筍 ： 涼、瀉、中（解熱、潤筋）

紅豆 ： 涼、瀉、燥（止痢、收濕、利尿）

小紅豆： 涼、瀉、燥

車前草： 涼、瀉、燥（鎮咳、利尿、增強視力）

冬瓜 ： 涼、瀉、燥（治中暑）

柿 ： 涼、補、潤（潤肺、嘔氣）

糙米 ： 涼、補、潤（滋養、止渴、安眠、消炎）

小麥 ： 涼、補、潤（滋養、止血、利尿）

牛乳 ： 涼、補、潤（營養、健胃、止渴、強壯）

梅 ： 涼、補、潤（鎮吐、治口渴）

田雞 ： 涼、補、潤（解熱毒、治水腫）

鴨 ： 涼、補、潤（補虛清熱，和臟腑、利水道）

豬肉 ： 涼、補、潤（潤腸胃、生津液、豐肌體、澤皮膚）

蜂蜜 ： 涼、補、潤（通便、去痰、消炎作用）

番茄 ： 涼、補、燥（補充精力、鎮咳）

葡萄 ： 平、補、燥

田螺　：涼、補、燥（清熱、利濕、止渴）
鴨肉　：涼、補、燥（營養、止空咳）
蓮肉　：平、補、燥（止痢、健胃、治不眠症）
薏仁　：涼、中、燥（緩和滋養、抗癌、止下痢）

飲食開運八法

一、燥熱實型體質：一般津液不足、口渴，適用潤、涼、瀉性食物。

　　適用食物（屬於潤、涼、瀉性食物）
　　禁忌食物（屬於燥、溫、補性食物）

二、濕熱實型體質：通常易有本態性高血壓、炎症或腫脹、水分過剩，適宜用燥、涼、瀉性食物。

　　適用食物（屬於燥、涼、瀉性食物）
　　禁忌食物（屬於潤、溫、補性食物）

三、燥寒實型體質：易患急性病，常有水分不足、機能衰退、咳、尿量過多、便秘等症狀，適宜用潤、溫、瀉性食物。

適用食物（屬於潤、溫、瀉性食物）
禁忌食物（屬於燥、涼、補性食物）

四、濕寒實型體質：屬於易激動型，一般無汗、
神經痛、貧血，適宜用燥、溫、瀉性食物。

適用食物（屬於燥、溫、瀉性食物）
禁忌食物（屬於潤、涼、補性食物）

五、燥熱虛型：屬於「口渴」型體質，一般較多
汗、口渴，有糖尿病傾向，適宜食用潤、
涼、補性食物。

適用食物（屬於潤、涼、補性食物）
禁忌食物（屬於燥、溫、瀉性食物）

六、濕熱虛型體質：較屬於過敏體質，平常易
下痢、便秘、帶下，適宜用涼、補、燥性
食物。

適用食物（屬於燥、涼、補性食物）
禁忌食物（屬於潤、溫、瀉性食物）

七、燥寒虛型體型：體質屬枯燥型，多汗、貧血、精力減退、多尿、無力倦怠感、虛弱、糖尿、尿量過多，適宜用潤、溫、補性食物。

適用食物（屬於潤、溫、補性食物）
禁忌食物（屬於燥、涼、瀉性食物）

八、濕寒虛型體質：一般為虛弱型，下痢、帶下、性衰弱、怕冷、尿頻多，適宜燥、溫、補性食物。

適用食物（屬於燥、溫、補性食物）
禁忌食物（屬於潤、涼、瀉性食物）

結論

在此舉出人參和糙米，來說明沒有一種食物是具有萬能的功效。例如：燥寒虛、燥寒實、燥熱虛、濕寒虛四類的人，吃人參就有益。反之，對濕熱實、濕熱虛、濕寒實、燥熱實的人而言，吃人參是無益的。

同樣地，糙米對燥熱虛、燥熱實、燥寒虛、濕熱虛四類人有利。然而對濕寒實、濕寒虛、濕熱實、燥寒實四類人就無利，還是以白米為主食較好。所以，我們如分出自己正確的類型，便可以分辨出對自己有利或有害的食物了。

最後，大家亦要謹記「不時，不食」，即食物不當時令、不該吃。因為，食物在產季時，不僅數量多，味道好，營養成分也處於最佳狀態，還能節省生產的成本。

不吃不當時令的食物，如：春天的青蔥，對身體有特別的助益。在夏天渾身大汗時吃西瓜，可令人全身透涼、暑意全消。秋天的螃蟹最好吃。冬天的羊肉爐，吃了不上火且補身。

在冬天吃羊肉後感全身暖和，可以除寒。反之，在夏天吃羊肉，吃後令人上火，使人口乾舌燥、喉嚨發炎、口舌生瘡。夏季的西瓜，不在冬天吃。如於冬天天氣寒冷時吃西瓜，不僅不讓人感覺舒服，還有股打從骨頭寒出來的氣。所以「不時，不食」，其實是相當符合科學原則的。

7. 《易經》成功大智慧

《易經》成功大智慧

人們都希望「成功」，很多人更不斷熱切地尋求可以達到成功的方法。但是，成功從來都只屬於少數人的「專利」，當中的原因其實十分簡單，就是因為只有少數人真正去探討和運用有關「如何成功」的智慧。

在古今中外追尋「如何成功」的智慧的過程中，孕育出一門特殊的學問，東方稱之為「帝王術」、西方則稱之為「成功學」，都是在指導我們回光返照，認識自己的心智，並昂首闊步，積極去創造奇蹟；都是在指導我們在面對機會或順境時、困難或逆境時，自己的潛意識、情緒反應、以及意識思想等合併在一起的精神力量的運作管理；都是在指引我們如何具建設性和創造性來運用這股不可思議的宇宙精神力量，從而發揮最大的創造力、最靈活之應變力及最堅定不移的調適能力。尤其是，在面對困難或逆境時，一般人只會把自己困在死胡同，潛意識、情緒、以及意識思想裡盡都是一些負面的事情。相反，真正懂得運用「如何成功」的智慧的人，他們的潛意識、情緒反應、以及意識思想等合併在一起所發揮起來之應變

及調適能力，令他們心安理得，積極面對，轉危為機！在運用「如何成功」的智慧上，達到了圓滿境界的人，心常自在安樂，生氣蓬勃，《易經》稱之為「元、亨、利貞」。《易經》有六十四卦三百八十四爻，其實都只在闡述「元、亨、利貞」，它是一種終極的生命力量之法則、一種辯證思想；《易經》六十四卦三百八十四爻，唯在開示各種因時位而異之對立統一規律，教人發現終極成功之圓滿智慧與生活，亦即是「《易經》成功學」的「善為易者」境界。

「元、亨、利貞」辯證思想

《易經》之「元、亨、利貞」辯證思想，是妙契「易心」之終極智慧。引用毛澤東所説的話來歸納納之，就是「矛盾、統一」。

從辯證思想來看，八卦其實就是四組矛盾統一之概念範疇：「天地定位，山澤通氣，雷風相薄，水火不相射」。天和地相通，山和澤相通，雷和風相通，水和火相通；形常相隔（矛盾），而情常相親（統一）。在這裡我們所見到的，就是能體現出《易經》本具之一種簡易美，陰陽相交動態之平衡，自然界生命力量之法則，以及各因時位而異之矛盾統一規律。

《易經》開章明義，用乾、坤二卦之「元、亨、利貞」，明白地開示「矛盾、統一」就是《易經》所強調的「變易」中之不變易之核心規律；世上一切都在變，然而世間萬事萬法之變動，都可以在這核心規律中予以說明。《卦辭》說：「乾：元、亨、利貞。坤：元、亨、利牝馬之貞。」

- 「元」者，即表示「一」。

- 「亨」者，有矛盾對立方可言亨通，故表示「二」。

- 乾卦之「利貞」者，即是「和」，乃合二而一，即矛盾統一，亦即「一」與「二」的統一。

- 相同地，坤卦之「利牝馬之貞」者，也是「一」與「二」的矛盾統一。坤卦之牝馬，即是柔順的雌馬，比喻「坤」順從承受「乾」，乃能更進一步將「乾坤」合一，亦是將「一」與「二」的統一。所以，《周易》的「元、亨、利貞」，其實已把這矛盾統一規律完完整整地表露無遺。

《易經》辯證思想，更是直接開啟不可思議的宇宙精神力量的工具。從辯證思想來看，《易經》卦辭及爻辭之義理演繹，需以三十二組對立統

一之概念範疇來開展。當知一切矛盾對立的東西，互相聯繫着，不但在一定條件之下共處於一個統一體中，而且在一定條件之下互相轉化，這就是《周易》六十四卦以三十二組對立統一之卦象排列的全部意義。這是揭開《易經》的神秘面紗之習「易」不二法門，能把六十四卦這個「大自然在説法」之宇宙語言弄清楚！

《易經》辯證思想，建立了「矛盾、統一」這不易法則，藉以窮盡人生順逆、進退、成敗等「成功智慧」之奧秘。一切都在互相矛盾對立之中，這當中的關鍵，在於大家如何去理解這矛盾對立之真實狀態，及如何去處理與統一這矛盾對立而定。簡單來説，在成功路上的矛盾對立能善能惡，它可使自己接受磨鍊，激勵自己，也可使自己因而墮落。就有如水能載舟、供人飲用，也能覆舟、溺人於死一樣。會害人的敵人，反之也可以助我們發現自己的短處，間接便成為我們的老師。所以世間有禍故有福，禍會製造福，即所謂「塞翁失馬，焉知非福」；同樣地，有福故有禍，福會製造禍，即所謂「塞翁得馬，焉知非禍」。所以，有與無、得與失、福與禍、其實都只是矛盾對立中之一體兩面，唯是相對；若將這矛盾對立之差別相，在「元、亨、利貞」妙境這個層次加以包容綜合，就是《易經》所説的「二而不二、合二為一」、「矛盾、

統一」、「差別即平等」之辯證思想妙用了！

《易經》六十四卦矛盾統一大綱

世界一切都在變，對於所有一切的有、無、得、失、禍、福等，我們自然會生起不實的疑問。現今世界，人人皆囚於矛盾對立之中，終日妄想分別，以致沉迷苦海。矛盾對立的克服與超越，唯是用「矛盾、統一」的新看法、受法，把其綜合包容於宇宙「元、亨、利貞」妙境之中，體證這個妙境之光明皎潔（潔）、平和安靜（靜）、絕對精純（精）、微妙不可思議（微），並同時具足了宇宙精神力量。如是者，便縱矛盾對立仍然存在著，此心自能安住「元、亨、利貞」妙境中，自能衝破對立分別之痛苦根源。更能進一步隨順傳流此精神於他人，在成就自己的同時，去成就他人；由是體證「元、亨、利貞」妙境，繼而體認生命之終極成功意義，於平常生活中實現自己所負的使命。這就是《易經》之光明皎潔（潔）、平和安靜（靜）、絕對精純（精）、微妙不可思議（微）之妙趣。即能化魚為龍不易其鱗，轉凡成聖不改其面，這亦是「《易經》成功學」之指歸！所以，此書的教導很簡單：以三十二組對立統一之概念範疇，盡量發揮《易經》中「矛盾、統一」精神之智慧成功法則。這麼一來，能引導讀者能在生活中加以

實踐和驗證；讀者也跳出矛盾對立這樣的圈套，脫離了一切愚蠢的思想及導致失敗的陷阱，體會到《易經》這個光明皎潔（潔）、平和安靜（靜）、絕對精純（精）、微妙不可思議（微）之「成功智慧」妙境。

第一對：「內外不二」法則（乾為天、坤為地）

原理：外在世界一切現象（坤），都是內在世界潛意識無窮的力量（乾）的自顯現。

「內外不二」法則：如果你可以主宰潛意識無窮的力量（乾），外在世界的萬事萬物就可以隨其所想而被改變（坤）。

第二、三對：「生命力」法則（雲雷屯、山水蒙、火風鼎、澤火革）

世間上萬事萬物，由始生（屯）、童稚（蒙），發展到鼎盛（鼎），直至革新（革），其實都是在週而復始的汰舊換新，都不斷地在生長與滅亡、滅亡又再新生。

「生命力」法則：從心中擘劃夢想藍圖（屯）、吸引那些可以幫助自己夢想成真的人（蒙）、取得成功（鼎）、到追尋新夢想（革），我們可以

知道成功生命力為何物,並主宰成功的週期法則。

第四對:「安心」法則(雲天需、天水訟)

若能擁有純正的信念、心靈最深處的絕對平安之境界(需),則當現實生活涉及爭端(訟),自能保持沉默,以不變應萬變,自然一開始就吉利。

「安心」法則:面對波瀾(訟),絕對的平安信念(需)是成功的保證。

第五對:「領袖」法則(地水師、水地比)

原理:成功者不就是大眾(比)的領袖(師)嗎?大眾(比)不就是領袖(師)的任務嗎?如果有別人聚集在你的周圍(比),要求你的指引(師),你可以靜一下,如果內在的心聲叫你去擔負起這個領袖的使命,不必推辭,因為這是合乎「互惠互利」之道。

「領袖」法則:以大家(比)的心為心,是一位領袖(師)的真正喜悅、唯一的生命。

第六對：「絕對力」法則（風天小畜、天澤履）

原理：要達成「天人合一」，第一步是獲取十二分的自力（小畜）。在自力開始運作的同時，也會牽動他力（履），此之謂「天助自助者」。到了自力（小畜）與他力（履）融合，組合成一個十字，這就是真正的絕對力境界，我們將成為「成功」的主人。

「絕對力」法則：在自力（小畜）中有他力（履）、在他力（履）中有自力（小畜）的狀態，這樣才是「天人合一」的絕對力境界。

第七對：「變化根源」法則（地天泰、天地否）

原理：自己的內心世界內在的變化才是真正的變化，是一切變化的根源所在。讓自己在絕對的安寧中，如實觀察自己的內心世界、及外世界的表象，自然不被浮華的表象（否）蒙蔽心靈的智慧，不被災難的表象（泰）奪去心中的夢想和堅持的力量。

「變化根源」法則：任何時候都不能被浮華的表象（否）蒙蔽心靈的智慧；任何時候都不能被災難的表象（泰）奪去心中的夢想和堅持的力量。

自己的內心世界內在的變化才是真正的變化，是一切變化的根源所在。

第八對：「合作」法則（天火同人、火天大有）

原理：人人都不可能獨立存在，而必須以一定的社會角色存在。人人都必須同時扮演着不同的角色。例如我們可以是某人的父親、兒子、丈夫、兄弟、同事、朋友等等。因此一個人想要很好地發展，就必須與他所處的人群、環境和諧地融為一體，彼此合作。合作（同人），是領導（大有）才能的基礎。學會合作的智慧，我們就會得道多助，成功會變成一件簡單易行的事。

「合作」法則：合作（同人），是領導（大有）才能的基礎。真正的合作不僅是協議共同成就一件事或一項計劃，更是懷着喜悅和一體的感受。在這份感受中，沒有執着的個人理想或個人意見。

第九對：「謙虛」法則（地山謙、山地剝）

原理：出於本性，智慧的心靈是謙虛的（謙）。擁有心靈的智慧，自然對一切都滿懷敬仰、感恩之心；擁有敬仰、感恩之心，我們內在的

創造力量就會不斷地創造美好的事物圍繞着我們。相反，無法認識到謙虛的，心中充滿驕傲、自大狂妄，世界變得非常狹小和危險（剝）；當心中充滿驕傲、自大狂妄，我們內在的創造力量就會不斷地創造壞人壞事來填滿我們的世界。這就是所謂「滿招損、謙受益」了。這不是一種哲學，世界真的就是這樣。

「謙虛」法則：一顆懂得感恩之謙虛的心（謙），可以使我們內在的創造力量不斷地創造美好的事物圍繞着我們。相反，一顆充滿驕傲、自大狂妄的心（剝），可以使我們內在的創造力量不斷地創造壞人壞事來填滿我們的世界。

第十對：「轉逆境為快樂」法則（地雷復、雷地豫）

原理：《易經》道出宇宙的奧秘，不外乎幾個字：「不是永遠如此」。世界崩解了、生命陷落了（復），問題不會立刻消失，這時我們的考驗，就是能否安住於這個過度期（豫），而不形成抱怨、焦慮、僵固與恐懼。安住在無所依恃的一刻、安住在絕望中、安住在胃痛中、安住在破碎的心之上，超越小我，讓我們那執著的、習慣於依賴的自我死亡，這才是真正轉逆境為成功之路。

「轉逆境為快樂」法則：世界崩解了、生命陷落了（復），安住於這個過度期（豫），安住在無所依恃的一刻，不形成抱怨、焦慮、僵固與恐懼，這樣才能夠無限打開心胸和思想，真正轉逆境為快樂。

第十一對：「慣性」法則（澤雷隨、山風蠱）

原理：要改變生命能量，先從內在本性的核心下功夫。我們必須先知道如何跟從自己絕對和諧的心靈（隨），才能看清楚那個跟著習慣走、一直在障礙自己、不受控制、充滿無力感的心（蠱）。在過程中，重要的是要改變自己心內障礙自己的舊習性，養成新習性。所以，必須學會訓練自己的心養成新的習慣。

「慣性」法則：越是能夠跟隨自己樸實天真的內在本性的核心（隨），生命能量隨之提高，生活就越幸福化。步步進入更深的心靈層次，原本的精神層面中一直在障礙自己的牢固的舊習性（蠱）就開始慢慢消失。

第十二對：「逆境學習」法則（地澤臨、風地觀）

原理：在這個世界上，有一種生活方式可以讓我們的逆境徹底改變，有一種生活方式是沒有

絲毫的衝突和障礙，有一種生活方式可以讓我們從此沒有失敗（臨）。這就是當我們全身心地面對暫時的挫敗，從逆境中潛心於觀察的藝術、傾聽的藝術、學習的藝術（觀）。這種從逆境中學習的生活方式，可以讓我們獲得對失敗的清晰洞察（觀）：失敗只是一種心態。因此，只要一個人不放棄自己的控制權，只要掃走心中的恐懼，失敗便是我們可以控制的東西，自能過上全然成功的生活（臨）。

「逆境學習」法則：當我們全身心地面對暫時的挫敗，從逆境中潛心於觀察的藝術、傾聽的藝術、學習的藝術（觀），失敗便是我們可以控制的東西，我們自能過上全然成功的生活（臨）。

第十三對：「補救錯誤」法則（火雷噬嗑、山火賁）

原理：每個人都會犯錯，犯錯本身並沒有甚麼大不了的。犯錯時如何自處？犯錯時，最正面的態度是要保持冷靜，甚麼都別說，閉上嘴（噬嗑），冷靜地研討出補救錯誤的方法，然後無須解釋地付諸實行，一步一步去完成它（賁）。甚麼都別說，閉上嘴（噬嗑），就可將錯誤的擴散範圍減至最少；只管冷靜地研討出補救錯誤的方法，只管進行補救行動，一切留給他人去

評斷（賁）。

「補救錯誤」法則：犯錯時，最正面的態度是要保持冷靜，甚麼都別說，閉上嘴（噬嗑），冷靜地研討出補救錯誤的方法，然後無須解釋地付諸實行（賁）。

第十四對：「災厄與智慧」法則（天雷無妄、山天大畜）

原理：切莫被外境所轉。災厄這看似壞的東西（無妄），可以引出圓滿智慧這個好的結果（大畜）。我們可以把災厄困境（無妄），當作促成智慧開悟的燃料（大畜）。有過受挫與情緒低落的經驗（無妄），我們才有能力了解人們心理層面的痛苦，生起同理心的智慧（大畜）。

「災厄與智慧」法則：讓我們朝著困難迎上前去而不退縮。我們可以把災厄困境（無妄），當作促成智慧開悟的燃料（大畜）。有過受挫與情緒低落的經驗（無妄），我們才有能力了解人們心理層面的痛苦，這同理心的智慧（大畜），就是無堅不摧的成功轉運妙方。

第十五對：「富有」法則：（山雷頤、風澤中孚）

原理：富有不只意味著擁有世間金錢財富（頤），富有必須是一個多層面的現象，富有的人心中有信（中孚），身心一定充滿積極能量，虛心安祥，富創造性，和能夠做到「愛人、敬人、助人」。所以富有的定義，是在任何層面的富有。窮人是一個在思想上、心靈上有障礙的人，他或許很有錢，那並沒有甚麼關係，他心中沒有信，不懂平安，不懂創造和諧，更不能夠做到「愛人、敬人、助人」。世上的窮人應該為自己的貧窮負責。

「富有」法則：所以富有的定義，是在任何層面的富有。富有不只意味著擁有世間金錢財富（頤），富有必須是一個多層面的現象，富有的人心中有信（中孚），身心一定充滿積極能量，虛心安祥，富創造性，和能夠做到「愛人、敬人、助人」。

第十六對：「隨波逐流」法則（澤風大過、雷山小過）

原理：就成功學的觀點來定看，何謂大過？大過的最佳定義是：隨波逐流。因為隨波逐流的人只會任由自己被自己思想以外的外在環境影

響和控制。生活扔給他們甚麼，他們便接受甚麼，從不會獨立思考，不去反抗。而隨波逐流的習慣，是由小到大逐漸累積的。只要一個人的思想自小被灌輸了恐懼（小過），透過習慣原則，恐懼就悄悄地潛入了他的潛意識，並一步步控制了他的思想，令他在任何問題上都開始隨波逐流，永遠無法擺脫，最終無可救藥（大過）。

「不隨波逐流」法則：只要一個人的思想自小被灌輸了恐懼（小過），透過習慣原則，恐懼就悄悄地潛入了他的潛意識，並一步步控制了他的思想，令他在任何問題上都開始隨波逐流，永遠無法擺脫，最終無可救藥（大過）。人要怎樣做才能擺脫隨波逐流的牢牢控制？要知道隨波逐流只棲身於恐懼的頭腦中。只要查清令自己恐懼的事實，分析事實的真相，自能征服自己的恐懼，開始掌握自己的思想。

第十七對：「欲望力」法則（水洊習坎、重明離）

原理：擁有理念和適合自己的目標，以及找到清楚的方法和確定的可行性，才算是明確自己究竟想要甚麼，並且能理性地相信自己一定可以得到它（坎）；將這理性的信念與欲望相結合，就會時時刻刻都想念著它，產生一定

把它做好的想法和願望，才能全力以赴地去做（離）。因為欲望的力量（離）一旦有了理性的信念（坎）作支撐，就會變得攻無不克、戰無不勝。當我們沒有認識清楚自己的目標之前，沒有找到可行的方法之前，不要許下適合自己的願望。否則，我們越努力，錯誤就會越大。

「欲望力」法則：將理性的信念（坎）與欲望（離）相結合，就會時時刻刻都想念著它，產生一定把它做好的想法和願望，才能全力以赴地去做。欲望的力量（離）一旦有了理性的信念（坎）作支撐，就會變得攻無不尅、戰無不勝。

第十八對：「愛情瑜珈」法則（澤山咸、雷風恆）

原理：「生命誠可貴，愛情價更高」，相互吸引是令人振奮的，圓滿的愛情和合更是每一對互相吸引的雙方都想擁有。在圓滿的愛裡面，互相吸引的雙方，當歡樂時光來臨，情緒高漲的時候（咸），還能保持正向的放鬆（恆），這是很好的。互相吸引的雙方，透過互相融入對方，讓雙方的每一個細胞都被激動（咸），還能保持正向的放鬆，淡然忘情，既融入那個興奮而又不將它引導到頂點，只保持起點的溫暖而不要變熱，那麼兩個溫暖就能夠和合，互相結予對方生命力（恆）。愛若停留於精神的層面，

它便會在靜止不動中逐漸枯竭；愛若停留於愛欲層面，它只是一種受迫性的表現和自我滿足的需要，只是創造高潮以及到達高潮後的冷卻。相反，靈欲交融的愛情，給我們一個更高層面、正向的放鬆。這本身就是一種禪。透過它，我們分裂的人格就不再分裂；透過正向的放鬆這寧靜中心，可以提供我們一個穩定持久的內在品質改變。

「愛情瑜珈」法則：在圓滿的愛裡面，互相吸引的雙方，當歡樂時光來臨，情緒高漲的時候（咸），還能保持正向的放鬆（恆），這是很好的。靈欲交融的愛情，給我們一個更高層面、正向的放鬆。這本身就是一種禪。透過它，我們分裂的人格就不再分裂；透過正向的放鬆這寧靜中心，可以提供我們一個穩定持久的內在品質改變一種真正意義上的愛，名叫「慈悲」，能了斷所有恐懼及痛苦。

第十九對：「己達達人」法則（天山遯、雷天大壯）

原理：達成自己（**Self－actualization)**是人生一個基本的需要（遯）；人唯有達成了自己，已被解放了，他才可以為他人作引導（大壯）。人

如果自己還未有達成，即他還沒有被解放，他可能會誤導，故還不能為他人的引導。真正達成自己的人（遯），必須是永恆的泉源，他可以永無止境地分享自己的達成與解放（大壯），沒有任何想得到甚麼回報的動機。

「己達達人」法則：達成自己（**Self – actualization)**是人生一個基本的需要（遯）；人唯有達成了自己，已被解放了，他才可以為他人作引導（大壯）。

第二十對：「選擇光明」法則（火地晉、地火明夷）

原理：從今天起，每天早上當我們起床時，第一件事我們要確定的是，在睜開眼以前對自己説：「**XXX**（那是自己的名字），你想要甚麼？喜悦光明（晉）？痛苦黑暗（明夷）？今天你要選擇甚麼呢？」然後，結果我們當然是選擇喜悦光明；除非人感覺在某種痛苦中是喜悦的，但那時我們所選擇的其實也是喜悦光明而不是痛苦黑暗。生命到底是喜悦光明（晉），抑或是痛苦黑暗（明夷），這是一種選擇！

「選擇光明」法則：生命到底是喜悦光明（晉），抑或是痛苦黑暗（明夷），這是一種選擇！從今

天起,每天早上當我們起床時,第一件事我們要確定的是,我們當然是選擇喜悅光明。

第二十一對:「真愛」法則(風火家人、火澤睽)

原理:依賴並不是愛,依賴意味著佔有、控制、對立、嫉妒、衝突和恨。我們必須學習不去依賴,學習進入內心的寧靜,好讓自己成為單獨和自由的人(睽),能夠獨自一個人也常懷喜樂而不需要別人。唯有當我們不需要別人,我們才能不去依賴,才能真正和別人因為愛而在一起,並能在每個片刻分享自己洋溢的喜悅(家人)。

「真愛」法則:進入內心的寧靜,學習不去依賴,變成一個獨自一個人也常懷喜樂的單獨和自由的人(睽)。唯有當我們不需要別人,我們才能不去依賴,才能真正和別人因為愛而在一起,並能在每個片刻分享自己洋溢的喜悅(家人)。

第二十二對:「可能思想」法則(水山蹇、雷雨解)

原理:當我們的焦點放在困難上,我們就會被擊倒(蹇);當我們相信困難是可能解決時,我們便踏上成功之路了(解)。換句話說,如果我

們懂得運用「可能」思想的話，我們的每一天將會充滿喜樂、興奮，充滿朝氣與活力（解）；因為大部份的不愉快和失望都來自充塞在我們腦海中的「困難」思想（蹇）。迎接無限可能的生命吧！

「可能思想」法則：如果我們懂得運用「可能」思想的話，我們的每一天將會充滿喜樂、興奮、朝氣與活力（解），因為大部份的不愉快和失望都來自充塞在我們腦海中的「困難」思想（蹇）。

第二十三對：「貧者愈貧、富者愈富」法則（山澤損、風雷益）

原理：耶穌說：「凡有的，還要加給他，叫他有餘（益）；沒有的，連他所有的也要奪過來（損）。」有的會更有（益）；而沒有的，連他所有的也要奪走（損），這看上有些殘酷，但生活就是如此。例如：有錢人能用金錢賺到更多的錢，而窮人僅有的一點錢也被剝奪而變得一無所有。「貧者愈貧、富者愈富」法則又有何啟示呢？它正正道出了成功有倍增效應：成功是成功之母。我們愈成功，別人會愈器重我們，我們就愈自信，愈容易成功（益）。與此相反，失敗會使人愈發灰心喪氣，自然離成功愈來愈遠（損）。

「貧者愈貧、富者愈富」法則：正正道出了成功有倍增效應。所以，只要我們有一樣特長能夠充分地發揮出來，能尖端放電，做得比別人更出色，就能夠迅速獲得成長需要的資源和空間，並且進而帶動本身才能與素質的成長（益）。如果沒有這個比別人更出色的特長，被人比了下去，那麼很多機會都會錯過，最終在競爭中失去資源和空間，自然離成功愈來愈遠（損）。

第二十四對：「直覺智」法則（澤天夬、天風姤）

原理：一般我們做的事總是根據過去，我們的言行舉止總是出於過去所累積的經驗及所獲得的結論。過去主宰著我們，我們甚至無法看到眼前；我們的眼睛裝滿了以前的一切，它們像是一層層的雲霧使我們看不到現前正在發生的事（夬）。唯有當我們不再根據過去的經驗及所獲得的結論來運作，才能跟隨自己的直覺智來行動（姤）。直覺智是當環境要我們有所行動時，來自內在的創意性的、自發性的心的聰明。直覺智源自於寧靜的頭腦，是一個片刻接一個片刻的當下創意性的、自發性的回應。

「直覺智」法則：過去主宰著我們，我們甚至無法看到眼前；我們的眼睛裝滿了以前的一切，

它們像是一層層的雲霧使我們看不到現前正在發生的事（夬）。唯有當我們不再根據過去的經驗及所獲得的結論來運作，才能跟隨自己的直覺智來行動（姤）。

第二十五對：「生命提升」法則（澤地萃、地風升）

原理：宇宙森羅萬象之所以出現（萃），就是為了提升生命（升）；生命的升進，就是宇宙森羅萬象的驅動力。眼睛可見的資源幾乎取之不竭，更不用說無形的資源，也必用之不盡（萃）。我們不會因為財富供應的短缺而處於貧窮。若從更深一層來看，宇宙是一個偉大的生命體，任何人只要運用某種法質思考和行動，就可以隨心所欲地主導無形的宇宙能量，然後持續造出更多樣化的眼前可見的事與物（升）。

「生命提升」法則：我們不會因為財富供應的短缺而處於貧窮，眼睛可見的資源幾乎取之不竭，更不用說無形的資源，也必用之不盡（萃）。若從更深一層來看，宇宙是一個偉大的生命體，任何人只要運用某種法質思考和行動，就可以隨心所欲地主導無形的宇宙能量，然後持續造出更多樣化的眼前可見的事與物（升）。

第二十六對:「絕對幸福」法則(澤水困、水風井)

原理:只要明白每個人都是為了成就幸福而降生到這個世上、幸福是唯一存在法則,生命便會變成一個片刻接一個片刻的幸福新發現。有如太陽一般的「絕對幸福」生命力,是我們的本性,它根本不受任何局限(井);即使我們變得滿載都是灰暗絕望的情緒、混亂消極的思想、生病極苦的身體(困),這些其實都只是外在的東面,根本對我們的本性不會造成任何障礙。「絕對幸福」生命力才是我們的本性、存在的核心,它是不可被摧毀的(井)。相對於我們的本性,甚至連我們自己的情緒、思想、身體都變成某種外在的東西;所以我們定然能夠切掉絕望的情緒、混亂消極的思想、生病極苦的身體那些不是我們的東西(困),而只留下我們真實的「絕對幸福」生命力本性;它們不是我們的敵人,它們只是在提醒我們要回歸到「絕對幸福」生命力這個源頭。任何事情都不能難倒一個認識了「絕對幸福」生命力的人。

「絕對幸福」法則:「絕對幸福」生命力才是我們的本性、存在的核心,它是不可被摧毀的(井)。相對於我們的本性,甚至連我們自己的情緒、思想、身體都變成某種外在的東西;

所以我們定然能夠切掉絕望的情緒、混亂消極的思想、生病極苦的身體那些不是我們的東西（困），而只留下我們真實的「絕對幸福」生命力本性！任何事情都不能難倒一個認識了「絕對幸福」生命力的人。

第二十七對：「吸引力」法則（洊雷震、隨風巽）

原理：磁石內在含有一種特殊的東西，就是整齊排列的帶磁性的鐵分子，能令磁石內在具有磁性存在（震）；這磁性是一種感應性的力量，能夠使宇宙充滿著其對所有鐵屑的吸引力，就好像在宇宙中充滿著一個磁性力場一樣（巽）。同樣地，我們可以把自己想像成是一塊磁石，透過把專注放在我們所想和感受到的那些想要的事物上，就好像把帶磁性的鐵分子整齊排列一般，能令我們擁有強大且充滿磁力的存在（震）；這磁性是一種感應性的力量，能夠使宇宙充滿著其對那些我們想要的事物的吸引力，就好像在宇宙中充滿著一個磁性力場一樣（巽）。因此，我們想要的事物會被吸引到我們的體驗裡。

「吸引力」法則：透過把專注放在我們所想和感受到的那些想要的事物上，能令我們擁有強大且充滿磁力的存在（震）；這磁性是一種感應性

的力量，能夠使宇宙充滿著其對那些我們想要的事物的吸引力，就好像在宇宙中充滿著一個磁性力場一樣（巽）。因此，我們想要的事物會被吸引到我們的體驗裡。

第二十八對：「説話力量」法則（麗澤兌、兼山艮）

原理：説話就是力量。「説話力量」能夠推動和引導我們，以塑造我們的未來。換句話説，我們在有意無意間仰賴著對我們宣説的話語而活。正面的説話能夠鼓勵人們要以喜悦、光明、愛和力量的方式去看待自己和他人（悦）。相反，負面的説話則能夠傷害我們，使我們墮落，或阻礙我們的發展；只要瞭解到「説話意味著對自己及他人的生活造成影響」，我們才會更小心地使用説話力量（艮）。因為説話是宇宙最有力量的工具之一，我們所説的每一句話語，都同樣具足吸引與創造的力量。所以，讓我們必須小心選擇話語，並且謹慎地説出口。

「説話力量」法則：正面的説話能夠鼓勵人們要以喜悦、光明、愛和力量的方式去看待自己和他人（悦）。相反，負面的説話則能夠傷害我們，使我們墮落，或阻礙我們的發展；只要瞭

解到「說話意味著對自己及他人的生活造成影響」，我們才會更小心地使用說話力量（艮）。

第二十九對：「習慣力」法則（風山漸、雷澤歸妹）

原理：人是被習慣所塑造的，優異的結果來自於良好的習慣，而非一時的行動。所謂「習慣力」，就是指「能夠透過持續地做一件事來使它變成像每天刷牙般理所當然的習慣」的能力。擁有「習慣力」的人，只要持續良好的行動（漸），將此行動化為自己的好習慣，就可以順利改變自己的人生。但由於人體具有對抗新變化，維持現狀的傾向，所以一般沒有「習慣力」的人，不論做甚麼事都會因不能持續而放棄（歸妹），明明是好習慣，就是做不久；這不是由於意志不堅，而是因為不知道「無法持續」的理由及沒有掌握「習慣力」法則。

「習慣力」法則：擁有「習慣力」的人，只要持續良好的行動（漸），自然能夠將此行動化為自己的好習慣，會順利改變自己的人生。相反，沒有「習慣力」的人，做甚麼事都會因不能持續而放棄（歸妹）。

第三十對:「逆向思惟」法則(火山旅、雷火豐)

原理:善用成功的逆向思維;無關努力精進,不必刻苦力行(旅);幸福我當下擁有,我今天就是成功人士(豐)。成功的逆向思維告訴我們,舊意識必須被放下,新意識會自然生起。舊意識強調努力,教我們「一分耕耘,一分收獲」,認為努力是全能。換句話說,第一是努力、第二是努力、第三還是努力。這個觀念源於我們並不自覺幸福,所以想以努力來換取幸福;可是,在不幸福的情形下,我們又怎可能過更好的日子呢?相反成功所需要的逆向思惟新意識是:認為自己是幸福的成功者,正在過著非常幸福的生活。有了這樣的想法,我們就已經是幸福的了;有了幸福的心態,我們才能用絕對安隱不動的態度付出。所以,成功的逆向思維其實在告訴我們「一分幸福,所以一分努力」。換言之,成功的逆向思惟所強調的是,將這個成功的過程顛倒過來:不要先營營役役,(旅)之後才過成功幸福生活,而是一開始就把自己當做成功者般過幸福生活(豐)。

「逆向思惟」法則:成功無關努力精進,不必刻苦力行(旅);成功我當下擁有,今天我就是成功人士(豐)。

第三十一對：「時間投資」法則（風水渙、水澤節）

原理：時間是最重要的資源。在時間上人人每天都只有二十四小時，因此成功的大小是以時間運用方式來決定。愈能夠將時間用在有意義、生產力高、回報率高的地方（節），就愈能夠在短時間內獲得較大的成功；愈漫無目的地浪費時間在無意義、不重要也不緊急的地方（渙），就愈會落得一事無成。在這裡先要確立一個重要概念：「黃金時間」。「黃金時間」就是指用在有意義、生產力高、回報率高之地方的時間。從「時間投資」法則的角度來看，決定不做甚麼「緊急但不重要」之消費時間的事，更加不做甚麼「既不緊急也不重要」之白費時間的事。因為能夠把原來是浪費的時間改用來投資在「不緊急但對日後的生產力和回報率有益」的事，日後就能增加「黃金時間」；「黃金時間」增加愈多，我們的幸福感就愈大，成功也愈大。

「時間投資」法則：愈能夠將時間用在有意義、生產力高、回報率高的地方（節），就愈能夠在短時間內獲得較大的成功；愈漫無目的地浪費時間在無意義、不重要也不緊急的地方（渙），就愈會落得一事無成。「黃金時間」就是指用在

有意義、生產力高、回報率高之地方的時間。能夠把原來是浪費的時間改用來投資在「不緊急但對日後的生產力和回報率有益」的事，日後就能增加「黃金時間」。

第三十二對：「大圓滿」法則（水火既濟、火水未濟）

原理：大圓滿是無所謂圓滿（既濟）與不圓滿（未濟）的。換言之，那根本不是圓滿（既濟）不圓滿（未濟）的問題。大圓滿是我們固有的本質，是心性的本來具足圓滿、宇宙的本來具足圓滿，是一種超越的境界；是讓生命能量變成一股流動、一種動力、一條河流。當我們全然地流動時，我們的存在便不再是一種靜止的圓滿或不圓滿狀態，我們的存在(being)便成了一種永久延續、連綿不絕的生生不息過程(becoming)。那不是一個圓滿不圓滿的問題，因為我們已全然的活在純生命力裡、活在喜悅裡，我們已經變成大圓滿了，我們的大圓滿不會遺漏任何對象；即使身邊的事是不圓滿的，我們只要全然的活在純生命力裡、活在喜悅裡，不可思議的奇蹟就會發生。大圓滿用生生不息過程(becoming) 取代了存在(being)，這改變了我們對生命圓滿（既濟）與不圓滿（未濟）

的看法：一個契入大圓滿的人才是真正生命圓滿的人。

「大圓滿」法則：大圓滿是無所謂圓滿（既濟）與不圓滿（未濟）的。換言之，那根本不是圓滿（既濟）不圓滿（未濟）的問題。大圓滿是我們固有的本質，是心性的本來具足圓滿、宇宙的本來具足圓滿，是一種超越的境界！

《易經》簡易成功法門

《禮記•五經解》云：「潔靜精微，《易》之教也！」這本書所介紹的《易經》成功智慧，從「矛盾、統一」辯證思想與生活出發，與大家分享簡單而有效的提昇我們成功智商的方法，希望透過體證《易經》這個光明皎潔（潔）、平和安靜（靜）、絕對精純（精）、微妙不可思議（微）的辯證思想所開啟的宇宙精神力量之奧秘，自可達到《易經》「成功智慧」之核心或本質：「人人本來具足的光明皎潔（潔）、平和安靜（靜）、絕對精純（精）、微妙不可思議（微）的宇宙精神力量」。只要透過了解及遵循這個「矛盾、統一」不易法則，自可產生預期且明確的成果，最終都可怡然自得地擁有圓滿無缺之成功思想與生活。

《易經》更是直接開啟宇宙智慧精神力量的工具。在這追尋「如何成功」的智慧之道上，《易經》絕對能讓我們快速成長並向上提升，最終都可超然而完全斷絕一切矛盾對立，達觀所有一切事物，都是「元、亨、利、貞」妙境總體中之內容，這就是「矛盾、統一」之妙智慧，亦是改變生命的答案；於「元、亨、利、貞」妙境之中把矛盾對立克服與超越，心安住於此，便能懂得正確地要求，進而積極地採取行動，在行動中創造無限的驚人收獲，成就一切原本即屬於自己的一切，迎向幸福與富足的人生，當下具體活出生命之絕對意義與價值。

唯究竟通達《易經》「矛盾、統一」的成功思想與生活，才能使我們得到自在光明，並可按照自己的想法，夢想成真；並廣為他人宣說，使人免於各種的不足和局限，也使人從不幸、擔憂和煩惱中解脫。因為於「元、亨、利、貞」妙境之中，這個世界根本上就沒有甚麼不能實現的夢想！

8. 修道真言（陰陽五行法修行經典之一）

修道真言

宋 • 白玉蟾

凡參玄宗不難得手，難從性宗參入。如從此入，便得淵源。倘錯行路徑，如書空尋跡，披水覓路矣。

修玄之理，可以意會，不可以言傳，古人章句之中隱隱在焉。天不言而四時行，人身陰陽消息，人不能使之然也。

大道之妙，全在凝神處。凡聞道者，宜領此意求之。凝神得竅，則勢如破竹，節節應手。否則面牆而立，一步不能進。

學道之人，須要海闊天空，方可進德。心宜虛空，神宜安定，能使心不動，便可立丹基。

學道之人，以養心為主。心動神疲，心定神閒。疲則道隱，閒則道生。胸次浩浩，乃可載道。

邪説亂道久矣，采戰、燒汞、搬運皆邪道也。
年少者、不篤信者、遑遑趨利者，皆未易言此
道。欲修此道，先宗一淡字。

仙凡界、人鬼關，全在用功夫。然用功夫者，
如擒狡兔然，稍懈則兔縱，稍緊則兔死。須於
空虛中覓之，否則何足言功夫哉。

凡人心不內守，則氣自散。若能時時內觀，則
氣自斂，調養臟腑，久之神氣充足。古云：「常
使氣通關節透，自然精滿穀神存」。

靜時煉氣，動時煉心，下學之功畢矣。

須節慾。先天必須後天定。

動時茫茫，不如此心久在腔子裡。學道者要先
知收心法，再言靜功。

欲學玄功，須先時時瞑目，一日間靜坐幾刻，
再來問道。

聰明智慧不如愚，學人只因伶俐二字，生出意
見，做出許多壞事。今欲收拾身心，先從一個
愚字起。

天之生人，人之所以生而不死者，於穆不已也。人若無此不已，則氣絕矣。故天地以氣機存，人亦以氣機生。能煉住氣機，便與天地同壽，便不息了。不息則久，中庸言之矣。

定其心神，方可言道。要入玄關，須用定力。定則靜，靜則生。不但靜中能靜，必須動中能靜，方見功夫之力。神定，內一著也。事來心應，事去心止。氣定，外一著也。

語謹形正，語端氣峻。下學要緊處，全在正氣安神，忘心守口而已。

修道原從苦中來，但得清閒處便清閒，此即是道。且更須忙裡偷閒，故人能偷閒便有閒。不然，則終身無寧晷矣。

心乃一身之主，故主人要時時在家。一時不在，則百骸亂矣，所以學道貴恆。始勤終怠，或作或輟，則自廢也。

「四大威儀皆是假，一點靈光才是真。晦藏靈明無多照，方現真如不二身」，則此一點，如劍上鋒，如石中火，一現即去。故修養家，要養聖胎、孕嬰兒者，此也。功夫如不早做，及至精乾血枯，屈曲蒲團，有何益哉。

令人慕道者多矣，俗網牽人，是以道心不進。至人非不憫世，奈世人自繆葛何。今為學子脫此苦惱，略敷數言。夫心之動，非心也，意也。神之馳，非神也，識也。意多欲，識多愛。去此二賊，真性圓明。不欲何貪，不愛何求。無貪無求，性如虛空，煩惱妄想，皆不為累。再加煉氣，金丹可成，神仙可冀。

養氣只在收心。心在腔子裡，則氣存矣。

居塵不染塵，乃上品也。其次避之。

清靜二字是換骨法。

凡人能治心，便是道中人。若全消俗障，何患乎不成。

虛之又虛，與天合體。空空空，空中有實功。若還純寂滅，終是落頑空。

靜坐者，不在坐時靜，要在常時靜。

靈台不滅，慧覺常存，此道之至寶也。然無形無影，莫可明言。默以心會，不在外求。

神乃心之苗也。面色潤澤，方徵血氣沖和。總要華池養得水足，意樹自然花開。

昔人教人，尋孔顏樂處。此樂非章句可能尋，在天命也。心靜則神清，神清則氣和，始可得之。

下手功夫疏不得，因循無益。得一刻，便做一刻，念頭須時時返照此處。神到則氣到，氣到則命堅。

敬慎二字，通天徹地。再無放心之人，能仙能佛。

人生做事，業傳千古，不過此一點神光耳。然神非精不能生，而精非靜不能養。欲至極虛極靈地位，須煉此能生、能養功夫。

道心常現，則凡念自退。一時忘道，則起一時之凡念。一念忘道，則起一念之凡情。須要時時提醒。

人生若幻，須要尋著真身。天下無　件是實，連此身也不是自家的，只這一點靈光。若無所依，到滅度時，何所隨著，豈不哀哉。

焚香烹茶，是道也。即看山水雲霞，亦是道。胸中只要浩浩落落，不必定在蒲團上求道。

學道是樂事。樂則是道，苦則非道。但此樂不比俗人樂耳。

居塵世中應酬，最是妨道。人能於塵事少一分，道力即進一分。幻緣不破，終無著處。

人當以聖賢自待，不可小視自己，則上達矣。故天下未有不聖賢的神仙。

世人當知儉之道，儉於目可以養神，儉於言可以養氣，儉於事可以養心，儉於欲可以養精，儉於心可以出生死，是儉為萬化之柄。若不知儉之道，惟以刻薄慳吝是趨，則於儉之道失之遠矣。

無上妙道，原從沉潛幽靜中得來。若是一念紛紜，則萬緣蔚起，身心性命，何日得了。一己尚不能照應，何暇及他事哉。人須亟亟回首，早登彼岸。

玄功不但要養氣足精，仍宜運髓補腦。傢俬攢聚到十分，方稱富足。倘身中稍有缺乏，便是空體面的窮漢子。分明一條好路，為何不走，可惜一個神仙闕，夜間難道也匆忙。

煩惱是伐性之斧，人當於難制處下功。若不將氣質變化完善，怎得成善士。

凡學道人，言語行事，必較世俗人要超脫些。若仍走俗人行徑，何貴乎學道。

學道先以變化氣質為主，再到與人接物上渾厚些，方是道器。

今之文人，只因理障，難以入道，不知道即孔孟之道。濂溪堯夫非此乎，不可專作道家看。要知儒與道是合一的。周邵二子，何嘗出家修行耶。今人將道作出世一派而畏之，何其誤也。

春桃多豔，是三冬蘊藏之真陽也。秋菊多黃，是三伏聚養之真陰也。此中玄理，意會者得之。

人為形質所累，年紀一到，則百節風生，四體皆痛。何必地獄，即此便是。倘平日少有靜動，詎可免此一段苦楚。故形為我所愛，我亦為形所累。若將此一段靈性，做到把握得住時，出生入死，總由我使喚。

學道者，首以清心寡慾為主。高枕茅簷，肆志竹窗，方是道家逸品。若紛紛逐逐，何異流俗。陶養性情，變化氣質，二語乃入門之始事也。

修道之人，未有不靜默者。粗心浮氣，一毫用不得。

有問前知者，答曰：「機從心生，事以理斷。以理斷事，人即神也。棄理問神，神亦不告。」

凡入玄門，只以靜性為主。如目前春庭新雨，四壁寂然，草木含春，暗藏長養。理會此中，就有個究竟，不必定以談玄為道。

人心如目也，纖塵入目，目必不安。小事入心，此心即亂。故學道只在定心。若心不定，即紙窗之微，為人扯破，必生怒念；一針之細，為人去取，便生吝惜。又不徒以富貴亂心，得失分念，煩邪亂想，隨覺即除。毀譽善惡，聞即撥去，莫將心受。心受則滿，心滿則道無所居。要令聞見是非，不入於心。是心不外受，名曰虛心。使心不逐外，是名安心。心安而虛，道自來居。

仙經云：專精養神，不為物雜謂之清。反神復氣，安而不動謂之靜。制念以定志，靜身以安神，保氣以存精。思慮兼忘，冥想內觀，則身神並一。身神並一，則近真矣。

垢漸去而鏡明，心漸息而性澄。養成一泓秋水，我不求鏡物，而物自入我鏡中。

有諸內，必形諸外，一毫也假不得。前賢云：「山有美玉，則草木為之不凋。身有妙道，則形骸為之不敗。」故心有真功夫者，貌必有好顏色。

人心猶火也，弗戢將自焚。防微杜漸，總在一心。

天下人不難立志，最怕轉念富貴二字，是鉤人轉念的香餌。所以每每得道者，非貧寒，即大患難之後。何也，割絕塵累，回頭皆空。故孫真人注《惡疾論》曰：「神仙數十人，皆因惡疾而得仙道」，是塵緣都盡，物我俱忘，毫無轉念，因禍得福也。

凡修道之人，一手握住此物，行住坐臥，不為外動，安如泰山，不動不搖。緊閉四門，使十三賊人，不得外入，身中之寶，不使內出。日日如此，何必頂禮求真仙，便是蓬萊第一座。

玄修與釋家不同，釋家呼此形骸為臭皮囊。道家入門，全要保此形體。故形為載道之車，神去形即死，車敗馬即奔。

大道之傳，原自不難，是世人錯走路頭，做得如此費力。豈不聞「大道不遠在身中，萬物皆空性不空。性若空時和氣注，氣歸元海壽無窮」。又曰：「欲得身中神不出，莫向靈台留一物，物在身中神不清，耗散真精道難得。」

「一念動時皆是火，萬緣寂處即生真」，此守中之規也。進道之要，無如問心。故云：「學道先須識自心，自心深處最難尋。若還尋到無尋處，始信凡心即道心。」

學道性要頑鈍，毋用乖巧。其要總在將心放在何思何慮之地，不識不知之天，此大道之總綱也。

捷徑之法，推守此一心。陽氣不走，相聚為元海。

夫道未有不探討而得者。即三教聖人語錄，無非發天地之秘密，接引後學階梯。細心玩味，便知端底。

有問靜功拿不住者，答曰：「萬緣寂處，即是仙界。此時誠一不二，龍可拿，虎可捉。若云無拿處，仍是未空。」

光景倏忽，魯戈難留，那還禁得執著。自一身推之，吾一身即天地，天地即吾一身，天下之人即吾，吾即天下之人。不分人我，方是入道之器。倘少分芥蒂，即差失本來。

凡有志修道者，趁得一時間光陰，便進步用功夫去，將精氣神做到混合而為一的時節，以待事機之來。不可望事全方下手，是自虛時日也。悠悠忽忽，日復一日，白駒易過，幾見揮戈。

三界之中，以心為主。心能內觀，即一時為塵垢所染，終久必悟大道。若心不能內觀，究竟必落沉淪。故《道德經》首章曰「常有欲以觀其竅」者，觀此竅也。「常無慾以觀其妙」者，現此竅中之妙也。太上曰：「吾從無量劫中以來，存心內觀，以至虛無妙道。」學子既欲潛心，先去內觀，待心中如秋潭浸明月，再談進步。

初入玄關者，不用他求，自今日始，要無漏精液，便是登仙梯航，便是結嬰種子。

修道功夫，如抽蕉剝筍，層層求進，必至頭方止。

學道人全要斂藏，最忌明察。故曰：「人不藏，不能得道之要。」

萬事萌芽，在乎一心。心動則機動，機動則神明而合之。故曰，至誠之道，可以前知，神而明之，存乎其人。

修道總是煉得一個性。有天命之性，有氣質之性。本來虛靈，是天命之性。日用尋常，是氣質之性。今一個天命之性，都為氣質之性所掩。若煉去氣質之性，即現出天命之性，而道自得矣。

先天一炁，本屬無形，妙能生諸有形，所以為生天、生地、生人、生物之根本也，而道之源頭在是矣。

真言數段，性體、性源，將歷來聖賢未洩之天機，不惜一口道盡。然理雖載於書，法仍傳於口，必待聖師口訣真傳，下手方有著落。學人切勿自作聰明可也。

　　　　　　　　　　　　　修道真言終

9. 陰符經（陰陽五行法修行經典之二）

陰符經

上篇

觀天之道，執天之行，盡矣！天有五賊，見之者昌。五賊在心，施行於天。宇宙在乎手，萬化生乎身。天性，人也。人心，機也。立天之道，以定人也。天發殺機，移星易宿；地發殺機，龍蛇起陸；人發殺機，天地反覆；天人合發，萬化定基。性有巧拙，可以伏藏。九竅之邪，在乎三要，可以動靜。火生於木，禍發必克。奸生於國，時動必潰。知之修煉，謂之聖人。

中篇

天生天殺，道之理也。天地，萬物之盜。萬物，人之盜。人，萬物之盜。三盜既宜，三才既安，故曰：「食其時，百骸理；動其機，萬化安。」人知其神而神，不知不神之神而所以神。日月有數，小大有定，聖功生焉，神明出焉。其盜機也，天下莫能見，莫能知。君子得之固窮，小人得之輕命。

下篇

瞽者善聽，聾者善視。絕利一源，用師十倍。三反晝夜，用師萬倍。心生於物，死於物，機在目。天之無恩，而大恩生。迅雷烈風，莫不蠢然。至樂性餘，至靜性廉。天之至私，用之至公。禽之制在炁。生者死之根，死者生之根。恩生於害，害生於恩。愚人以天地文理聖，我以時物文理哲；人以愚虞聖，我以不愚虞聖；人以其奇期聖，我不以奇期聖。沉水入火，自取滅亡。自然之道靜，故天地萬物生。天地之道浸，故陰陽勝。陰陽相推，而變化順矣。是故聖人知自然之道不可違，因而制之。至靜之道，律曆所不能契。爰有奇器，是生萬象，八卦甲子，神機鬼藏，陰陽相勝之術，昭昭乎進於象矣。

陰符經注
悟元子劉一明

陰符經注序

陰符經三百餘字，其言深奧，其理精微，鑿開混沌，剖析鴻濛，演造化之秘，闡性命之幽，為古今來修道第一部真經。唐陸龜蒙謂黃帝

所著，宋陳淵謂黃帝受於廣成子，朱文公亦謂黃帝著，邵堯夫謂戰國時書，程伊川又謂非商末即周末時書。其說紛紛，各述所知，究無定見。以予論之，世皆傳為黃帝陰符經，丹經子書，俱謂陰符經系黃帝所作，考之文字，始於黃帝，興於唐虞夏商，或者黃帝譔作，口口相傳，不記文字，後世成真仙侶，筆之於書，流傳世間，亦未可定。就其世傳之說，丹經之載，謂黃帝著之，亦無不可，但此書沿訛已久，苦無善本，字句差錯者極多，或借驪山老姥百言演道、百言演法、百言演術之說，紊亂聖道，以盲引盲；更有借伊呂張果子房孔明注語欺世惑人者，似此魚目混珠，指鹿為馬，大失真經妙旨。予於乾隆四十四年，歲次己亥，於南台深處，取諸家注本，校正字句，細心斟酌，略釋數語，述其大意，掃邪救正，以破狂言亂語之弊，高明者自能辨之。

時大清嘉慶三年歲次戊午九月九日棲雲山素樸散人悟元子劉一明敘於自在窩中

陰符經注解跋

陰符經者，黃帝演道書也。而談兵之家，視為天時孤虛旺相之理，人事進退存亡之因，即緇

黃之流，淺窺聖經，謬為注疏者亦不少，不幾誤璞為鼠，以青作黃乎？我悟元老師，造性命之精，證天人之奧，體古聖覺世之婆心，思發其覆，憫後學窮理而無門，詳為之解，掃諸說之悖謬，詮陰符之肯綮，其中盡性至命之學，有為無為之理，靡不詳明且備，將數千年埋沒之陰符，至今原旨畢露，而無餘蘊矣。經云：觀天之道，執天之行，盡矣。僕則曰：聖經之精，聖道之微，盡矣。

大清嘉慶三年歲次戊午九月九日受業門人王附青雲峰甫沐手敬題

軒轅黃帝著　洮陽門人張陽全校閱
悟元子劉一明注
後學陶鑄靈重刊

陰者，暗也，默也，人莫能見，莫能知，而己獨見獨知之謂；符者，契也，兩而相合，彼此如一之謂；經者，徑也，道也，常也，常行之道，經久不易之謂。陰符經即神明暗運，默契造化之道。默契造化，則人與天合，一動一靜，皆是天機，人亦一天矣。上中下三篇，無非申明陰符經三字，會得陰符經三字，則三篇大意可推而知矣。

上篇

觀天之道，執天之行，盡矣。

性命之道，一天道也。天之道，陰陽之道耳。修道者能知天道之奧妙，而神明默運，竊陰陽之氣，奪造化之權，可以長生不死，可以無生無死，然其最要處，則在能觀能執耳。何謂觀？格物致知之為觀，極深研幾之為觀，心知神會之為觀，迴光返照之為觀，不隱不瞞之為觀；何謂執？專心致志之為執，身體力行之為執，愈久愈力之為執，無過不及之為執，始終如一之為執。觀天道，無為之功，頓悟也，所以了性；執天行，有為之學，漸修也，所以了命。能觀能執，用陰陽之道以脫陰陽，依世間法而出世間，性命俱了，心法兩忘，超出天地，永劫長存，只此二句，即是成仙成佛之天梯，為聖為賢之大道，外此者，皆是旁門曲徑，邪說淫辭，故曰盡矣。

天有五賊，見之者昌。

五賊者，金木水火土也。天以陰陽五行化生萬物，氣以成形，而人即受此氣以生以長，但

自陽極生陰，先天入於後天，五行不能和合，自相賊害，各一其性，木以金為賊，金以火為賊，火以水為賊，水以土為賊，土以木為賊，是謂天之五賊也。惟此五賊，百姓日用而不知，順行其氣，以故生而死，死而生，生死不已。若有見之者，逆施造化，顛倒五行，金本克木，木反因之而成器；木本克土，土反因之而生榮；土本克水，水反因之而不泛；水本克火，火反因之而不燥；火本克金，金反因之而生明；克中有生，五賊轉而為五寶，一氣混然，還元返本，豈不昌乎！

五賊在心，施行於天。宇宙在乎手，萬化生乎身。

人秉五行之氣而生身，身中即具五行之氣。然心者身之主，身者心之室，五賊在身，實在心也。但心有人心道心之分；人心用事，則五賊發而為喜怒哀樂欲之五物；道心用事，則五賊變而為仁義禮智信之五德。若能觀天而明五行之消息，以道心為運用，一步一趨，盡出於天而不由人，宇宙雖大，如在手掌之中；萬化雖多，不出一身之內；攢五行而合四象，以了性命，可不難矣。

天性人也，人心機也，立天之道，以定人也。

天性者，天賦之性，即真如之性，所謂真心，不識不知，順帝之則，而人得以為人者是也；人心者，氣質之性，即知識之性，所謂機心，見景生情，隨風揚波，而人因之有生有死者是也。天性者，天機，即是天道；人心者，人機，即是人道。守天機者存，順人機者亡。惟大聖人觀天道，執天行，中立不倚，寂然不動，感而遂通，修真性而化氣性，守天道而定人心，不使有一毫客氣雜於方寸之內也。

天發殺機，移星易宿；地發殺機，龍蛇起陸；人發殺機，天地反覆；天人合發，萬化定基。

殺機者，陰肅之氣，所以傷物也；然無陰不能生陽，非殺無以衛生，故天之殺機一發，則周而復始，而星宿移轉，斗柄回寅；地之殺機一發，則剝極而複，龍蛇起陸，靜極又動；惟人也亦俱一天地也，亦有此陰陽也，若能效天法地，運動殺機，則五行顛倒而地天交泰，何則？人心若與天心合，顛倒陰陽只片時。天時人事合而一之，則萬物變化之根基即於此而定矣。中庸所謂致中和，天地位焉，萬物育焉者，即此也。

性有巧拙，可以伏藏。

人秉陰陽之氣以成形，具良知良能以為性，性無不善，而氣有清濁。秉氣清者為巧，秉氣濁者為拙。性巧者多機謀，性拙者多貪癡。巧性拙性皆系氣質之性，人心主事，非本來之天性。修真之道，采先天，化後天，而一切巧拙之性，皆伏藏而不用矣。

九竅之邪，在乎三要，可以動靜。

九竅者，人身上七竅，下二竅也；三要者，耳目口也。人身九竅皆受邪之處，而九竅之中，惟耳目口三者為招邪之要口，耳聽聲則精搖，目視色則神馳，口多言則氣散，精氣神一傷，則全身衰敗，性命未有不喪者。人能收視，返聽，希言，閉其要口，委志虛無，內念不出，外念不入，精氣神三品大藥凝結不散，九竅可以動，可以靜，動之靜之，儘是天機，並無人機，更何有邪氣之不消滅哉！

火生於木，禍發必克；奸生於國，時動必潰。知之修煉，謂之聖人。

火喻邪心，木喻性，奸譬陰惡，國譬身。木本生火，火發而禍及木，則木克；邪生於心，邪

發而禍及心，則性亂；國中有奸，奸動而潰其國，則國亡；陰藏於身，陰盛而敗其身，則命傾；身心受累，性命隨之，於此而知潛修密煉，觀天道，執天行，降伏身心，保全性命，不為後天五行所拘者，非聖人其誰與歸？

中篇

天生天殺，道之理也。

天道陰陽而已，陽主生，陰主殺，未有陽而不陰，生而不殺之理。故春生夏長秋斂冬藏，四時成序，周而復始，迴圈不已，互古如是也。

天地，萬物之盜；萬物，人之盜；人，萬物之盜。三盜既宜，三才既安。故曰：「食其時，百骸理；動其機，萬化安。」

天以始萬物，地以生萬物，然既生之，則又殺之，是天地即萬物之盜耳；世有萬物，人即見景生情，恣情縱欲，耗散神氣，幼而壯，壯而老，老而死，是萬物即人之盜耳；人為萬物之靈，萬物雖能盜人之氣，而人食萬物精華，借萬物之氣生之長之，是人即萬物之盜耳。大修行人，能奪萬物之氣為我用，又能因萬物盜我之氣而盜之，並因天地盜萬物之氣而盜之，三

盜歸於一盜，殺中有生，三盜皆得其宜矣。三
盜既宜，人與天地合德，並行而不相悖，三才
亦安矣。三才既安，道氣長存，萬物不能屈，
造化不能拘矣。然此盜之秘密，有一時之功，
須要不先不後，不將不迎，不可太過，不可不
及，坎來則離受之，彼到而我待之，陽複以陰
接之，大要不失其時，不錯其機，故曰，食其
時，百骸理，動其機，萬化安。食其時者，趁
時而吞服先天之氣也；動其機者，隨機而扭轉
生殺之柄也。食時則後天之氣化，百骸皆理，
可以全形；動機則先天之氣複，萬化俱安，
可以延年。時也機也，難言也。要知此時即天
時，此機即天機，苟非深明造化，洞達陰陽
者，焉能知之？噫！八月十五翫蟾輝，正是金
精壯盛時，若到一陽才起處，便宜進火莫延遲。

人知其神而神，不知不神之神而所以神。

古今學人，皆認昭昭靈靈之識神，以為本來之
元神，故著空執相，千奇百怪，到老無成，有
死而已，殊不知此神為後天之神，而非先天之
神，乃神而實不神者。先天之神，非色非空，
至無而含至有，全虛而含至實，乃不神之神，
而實至神者。奈何世人只知後天之神而神，甘
入於輪迴，不知先天不神之神，能保乎性命，
無怪乎萬物盜我之氣而罔覺也。

日月有數，小大有定，聖功生焉，神明出焉。其盜機也，天下莫能見，莫能知。君子得之固窮，小人得之輕命。

人之所以能盜天地萬物之氣者，以其天地萬物有定數焉；天地萬物不能盜人之氣者，以其聖道無形無象焉。如日月雖高，而有度數可推，日則一年一周，天有春夏秋冬之可見；月則三十日一周，天有盈虛朔望之可窺，大為陽，小為陰，陽極則生陰，陰極則生陽，大往小來，小往大來，陰陽迴圈，乃一定不易之道。至人於此推陰陽造化之消息，用功於一時辰內，采鴻濛未判之氣，以為丹母，奪天地虧盈之數，以為命基，先天而天弗違，後天而奉天時，聖功於此而生，神明於此而出，此功此明，其盜機也，雖天鬼神不可得而測度，而況於人乎！天下焉得而見，焉得而知？如其能見能知，安能盜之？此其所以為聖，此其所以為神。是道也，非忠臣孝子大賢大德之人不能知，非烈士丈夫俯視一切萬有皆空者不能行。果是真正修道君子，得意忘言，大智若愚，大巧若拙，不到了性了命之後，不肯洩漏圭角，固窮而如無知者也。至於薄福小人，偶嘗滋味，自滿自足，又不自重性命，無而為有，虛而為盈，約而為泰，適以自造罪過，非徒無益，而又害之矣。

下篇

瞽者善聽，聾者善視。絕利一源，用師十倍。三返晝夜，用師萬倍。

瞽者善於聽，非善聽也，以目無所見，而神藏於耳，故其聽也聰；聾者善於視，非善視也，以耳無所聞，而氣運於目，故其視也明。即此二者以觀，閉目而耳聰，塞耳而目明，況伏先天之氣，舍假修真，存誠去妄者，何患不能長生乎？清靜經曰：眾生所以不得真道者，為有妄心；既有妄心，即驚其神；既驚其神，即著萬物；既著萬物，即生貪求，即是煩惱，煩惱妄想，憂苦身心，便遭濁辱，流浪生死，常沉苦海，永失真道。妄想貪求，乃利之源也，人能絕此利之一源，則萬有皆空，諸慮俱息，勝於用師導引之功十倍，又能再三自返，存誠去妄，朝乾夕惕，晝夜殷勤，十二時中，無有間斷，漸歸於至善無惡之地，勝於用師導引之功萬倍。蓋師之功，能革其面，而不能革其心；能與人規矩，而不能使人巧；絕利自返，正心地下功，戒慎恐懼於不睹不聞之處，師力焉得而及之？至聖云：一日克己復禮，天下歸仁焉。為仁由己，而由人乎哉？正此節妙諦。

心生於物，死於物，機在目。

心如主人，目如門戶。本來真心，空空洞洞，無我無人無物，與太虛同體，焉有生死，其有生死者，後天肉團之心耳。心不可見，因物而見，見物便見心，無物心不現。是主人或生或死，物生之，物死之，其所以使物生死心者，皆由目之開門揖盜耳。蓋目有所見，心即受之，是心生死之機，實在目也。人能返觀內照，外物無由而受，生死從何而來？古人云：滅眥可以卻老，此至言也。

天之無恩，而大恩生。迅雷烈風，莫不蠢然。至樂性餘，至靜性廉。

天至高而萬物至卑，天與物相遠，似乎無恩於物矣。殊不知無恩之中而實有大恩生焉。天之氣鼓而成雷，噓而成風，迅雷震之而萬物發生，烈風吹之而萬物榮旺。發生榮旺，萬物皆蠢然無知，出於自然，此無恩而生大恩，天何心哉？故至樂者，萬物難屈，無拘無束，性常有餘；至靜者，萬物難移，無貪無愛，性常廉潔。樂者無心於余而自餘，靜者無心於廉而自廉，亦如天之無恩而有大恩。無心之用，神矣哉！

天之至私，用之至公，禽之制在氣。

天之道行於無象，運於無形，為物不貳，其至私與。然其四時行而萬物生，其用又至公焉。推其奧妙，其一氣流行，禽制萬物乎？禽者，擒也，統攝之謂；制者，造作之謂；言統攝萬物，製造萬物，在乎一氣也。一氣上升，萬物皆隨之生長，一氣下降，萬物皆隨之斂藏，生長斂藏，總是一氣擒制之，一本散而為萬殊，萬殊歸而為一本。私而公，公而私，非私非公，即私即公，一氣流行，迴圈無端，活活潑潑的也。

生者死之根，死者生之根。恩生於害，害生於恩。

天道生物，即是一氣。上下運用一氣，上為陽，下為陰。陽者，生也，恩也；陰者，死也，害也。然有生必有死，有死必有生，是生以死為根，死以生為根也；有恩必有害，有害必有恩，是恩在害生，害在恩生也。若人死裏求生，則長生而不死，人能害裏尋恩，則有恩而無害，出此入彼，可不慎乎！

愚人以天地文理聖，我以時物文理哲；

愚人不知生死恩害，是天地造化迴圈之秘密，直以天地文理為聖矣。我則謂天文有象，地理有形，著之於外者，可見可知，未足為天地之聖。若夫時物之文理，無象無形，乃神運之道，藏之於內者，不可見，不可知，正天地之所以為哲也。蓋物有時而生，有時而死。當生之時，時生之，不得不生；當死之時，時死之，不得不死。生者，恩也，死者，害也，生而死，死而生，恩而害，害而恩，生死恩害，皆時運之，亦無非天地神道運之。天地神道不可見，因物以見之，觀於物之生死有時，而天地神道之明哲可知矣。

人以愚虞聖，我以不愚虞聖；人以其奇期聖，我以不奇期聖。

性命之道，始於有作人難見，及至無為眾始知。故古來修真上聖，當有作之時，黜聰毀智，韜明養晦，斡天關，回斗柄，采藥物於恍惚杳冥之鄉，行火候於無識無知之地，委志虛無，神明默運，雖天地鬼神，不可得而測度，而況於人乎？乃人不知其中奧妙，或以愚度聖人，彼豈知良賈深藏，若虛而實有，不愚之運用乎？當無為之時，和光同塵，積功修德，極

往知來，一叩百應，神通廣大，智慧無邊，而人或以奇期聖人，彼豈知真常應物，而實非奇異之行藏也。聖人不愚，亦如時物文理之哲，聖人不奇，亦如天地文理不聖。聖人也，所參天地之化育，而德配天地者也。

沉水入火，自取滅亡。

人之慳貪恩愛，如水淵也；酒色財氣，如火坑也。一切常人，不窮天地造化之道，不究聖功性命之學，自暴自棄，以假為真，以苦為樂，沉於水淵而不知，入於火坑而不曉，自取滅亡，將誰咎乎？

自然之道靜，故天地萬物生。天地之道浸，故陰陽勝。陰陽相推，而變化順矣。

大道無形，生育天地；大道無名，長養萬物。無形無名，自然至靜之道。然靜者動之基，靜極而動，天地萬物即於此而生焉。一生天地，而天地即得自然之道以為道，故天地之道浸。浸者，浸潤漸入之謂，亦自然之義。惟其浸潤自然，動不離靜，靜不離動，一動一靜，互為其根，故陰陽勝。動為陽，靜為陰，動極而靜，靜極而動，陰極生陽，陽極生陰，陰陽相推，四時成序，萬物生成，或變或化，無不順

之，造物者豈有心於其間哉？蓋以自然之道無形，無形而能變化，是以變化無窮也。

是故聖人知自然之道不可違，因而制之。至靜之道，律曆所不能契。爰有奇器，是生萬象，八卦甲子，神機鬼藏。陰陽相勝之術，昭昭乎進於象矣。

聖人者，與天地合其德者也。惟與天地合德，故不違天地自然之道，因而裁制變通，與天地同功用。何則？自然之道，非色非空，至無而含至有，至虛而含至實，有無兼該，虛實並應者也。故以言其無，則虛空一氣，無聲無臭，其為道也至靜，靜至於至，雖律曆之氣數，有所不能契。夫律曆能契有形，不能契無形，至靜則無形矣，律曆焉得而契之？[凶／比]陵師所謂有物先天地，無名本寂寥者是也。以言其有，則造化不測，包羅一切，其為器也最奇，器至於奇，是謂神器。神也者，妙萬物而為言者也。故萬象森羅，八卦相盪，甲子迴圈，神之伸機，鬼之屈藏，無不盡在包容之中。[凶／比]陵師所謂能為萬象主，不逐四時凋者是也。靜道者，無名天地之始；神器者，有名萬物之母。老子所謂無欲以觀其妙者，即觀其始也；有欲以觀其竅者，即觀其母也。非有不能成無，非觀竅難以觀妙。觀妙之道，萬有皆

空，無作無為；觀竅之道，陰陽變化，有修有
證。聖人不違自然之道，因而制之，觀天道，
執天行，從後天中返先天，在殺機中盜生機，
顛倒五行，逆施造化，以陰養陽，以陽化陰，
陽健陰順，陰陽混合，由觀竅而至觀妙，由神
器而入至靜，由勉強而抵自然，有無一致，功
力悉化，陰陽相勝之術，昭昭乎進於色象之外
矣。要知此術非尋常之術，乃竊陰陽、奪造化
之術，乃轉璿璣、脫生死之術。昔黃帝修之，
而乘龍上天；張葛許修之，而超凡入聖；以至
拔宅者八百，飛升者三千，無非由此道而成
之。籲！陰符經三百餘字，句句甘露，字字珠
玉，示性命不死之方，開萬世修真之路，天機
大露，後世丹經子書，雖譬喻千般，無非申明
陰陽相勝之術，有志者若見此經，誠心敬閱，
求師一訣，倘能直下承當，大悟大徹，勤而行
之，以應八百之讖，有何不可？

智理文化系列

增修八字心悟 下冊－應用篇

作者
覺慧居士

增修
溫民生

編輯
雷勝明

美術統籌
莫道文

美術設計
曾慶文

出版者
資本文化有限公司
地址：香港中環康樂廣場1號怡和大廈24樓2418室
電話：(852) 28507799
電郵：info@capital-culture.com
網址：www.capital-culture.com

承印者
資本財經印刷有限公司

出版日期
二〇一七年七月第一次印刷